ヒット企業のデザイン戦略

イノベーションを生み続ける組織

クレイグ・M・ボーゲル
Craig M. Vogel
ジョナサン・ケーガン
Jonathan Cagan
ピーター・ボートライト 著
Peter Boatwright
スカイライト コンサルティング 訳

Wharton
UNIVERSITY of PENNSYLVANIA
ウォートン経営戦略シリーズ

EIJI PRESS

THE DESIGN OF THINGS TO COME
How Ordinary People Create Extraordinary Products

by

Craig M. Vogel
Jonathan Cagan
Peter Boatwright

Publishing as Wharton School Publishing
Upper Saddle River, New Jersey 07458

Japanese translation rights arranged with
PEARSON EDUCATION, INC.,
publishing as Wharton School Publishing
through Japan UNI Agency, Inc., Tokyo.

日本語版　訳者まえがき

「デザイン」は、一般的なビジネスマンにとって頭の痛い問題である。iPodはカッコいいと思うし、携帯電話もデザインにこだわって選びたい。消費者としては、デザインがよくない製品などいくら安くても手にとる価値もないと思う。しかし、自分のセンスにそれほど自信があるわけではない。いざ自分の会社で商品企画に関わってみると、議論百出で収集がつかなくなる。自信満々で提案してくるデザイナーの試作品はイメージと違っていて、説明されてもどうも納得できない。挙句の果てには、どう考えても自分よりセンスがよいとは思えない経営者の鶴の一声で「イケてないデザイン」に決まってしまう。

経営者にとっても同じだろう。市場調査をしてみると、競合に比べて自社製品は「デザインがよくないから買わない」という結果を突きつけられる。日産、松下、シャープなどV字回復を果たした企業の製品はいずれも美しく、機能的で特徴的なデザインを備えており、やはり企業の成長とデザインの良し悪しは無関係ではないようだ。さらにこれらの企業は、なぜかコンスタントにイノベーティブなヒット商品を送り出し、収益をあげている。これらの企業は特にアイデアや美的感覚に優れた社員ばかりを採用しているのだろうか？

本書はこれらの疑問や課題に応え、解決の道筋を示す。原書のサブタイトルには"How Ordinary People Create Extraordinary Products"とある。「普通の社員がいかにして革新的な商品を作るか？」ということだ。このサブタイトルからもわかる通り、本書はデザイナーのために書かれたデザインのハウ・トゥ本ではない。ビジネスマンのために、イノベーションとデザインを、「人」と「組織」と「プロセス」の観点から解剖し、解説したものだ。

日本企業はコストの削減も、品質の追求もすでに限界のレベルにまで達している。薄利でどこまで持ちこたえられるかの我慢くらべに参加したくなければ、顧客にとっての価値を飛躍させるもの、すなわちイノベーションに取り組むしかない。そして、デザインはイノベーションを体現するものであり、イノベーションの効用をわかりやすくユーザーに伝えるインターフェースである。これは消費財メーカーに限ったことではない。B2Bの生産財メーカーであっても、サービスを売る企業であっても、コモディティ化したものを扱っているかぎり価格競争に陥ることは避けられない。それを脱するためにはイノベーションに目を向け、価値を伝えるデザインを備えなければならない。

本書でいうデザインは見た目の美しさだけでなく、技術を補完しユーザーの課題解決の手助けをする広い機能を含んでいる。たとえば、ナショナルが洗濯機のドラムを斜めに傾けて洗濯物の取り出しを楽にしたり、ニンテンドーDSがタッチペンによってまったく新しい直感的な操作を実現してユーザー層を広げたことなどが、イノベーションを体現するデザインの実例といえるだろう。これらのデザインを実際に製品としてユーザーに届けるには、電気工学や人間工学、アプリケーション開発、素材調達、生産、マーケティング、営業といった各分野の担当者が一致団結して、ひとつひとつ課題を乗り越えていく必要がある。さまざまな要素が複雑に絡みあった現在において、一人の天才がひらめきで物を創り出す、ましてや製品として完全なものを世に送り出すなど、もはや不可能だろう。だからこそ、「組織」と「プロセス」が重要なのだ。また、このように分野・部署が多岐にわたり、ときに利害が相反する組織を俯瞰し前向きに動かしていけるスキルとマインドセットを持った「人」が新しいリーダー像だといえる。

本書はこうした観点から、イノベーションの考え方のフレームワークや、組織のあり方、プロセス、分析方法、絞りこみのステップなどを示している。これらは皆さんがイノベーションを推進する際に有効なツールとなるだろう。しかし、これらはあくまでもツールであり、重要なのは利用する側の視点とモチベーションである。市場とターゲットユーザーを注意深く観察し、ニーズ、ウォンツ、願望を把握する。そして自社が持つシーズをそれらに適用するというプロセスを繰りかえす以外に、イノベーションを達成する方法はない。ゆえに本書は、具体的な企業や製品とそのユーザー像を事例として示しながら、成功した企業のイノベーション・リーダーたちがどう考え、どういう解決策を導き出したかを疑似体験できるようにしている。

おそらく、本書を読み終えたあなたは、イノベーションやデザインを身近に感じるようになっているだろう。そして、事例として紹介されたOXO《オクソー》のサラダ・スピナーの使い勝手やミラチェアの座り心地を実際に確かめるために、今度の週末にデパートやインテリア・ショップに行ってみたくなるかもしれない。ぜひそうしてほしい。実際に触れてみることによって、本書が提唱する「ファンタジー経済」の本当の意味を実感することができるだろう。

最後に、本書を訳する機会を作っていただいた英治出版の原田英治社長、出版プロデューサーの高野達成氏、編集協力の和田文夫氏、翻訳協力の渡部典子氏、装丁の重原隆氏、そしてともに翻訳に携わった弊社の藤竹賢一郎にこの場をお借りして感謝の意を表したい。

二〇〇六年五月　スカイライト コンサルティング株式会社　マネジャー　渡邉正美

ヒット企業のデザイン戦略

——目次

3
イノベーションをデザインする

4
トレンドをデザインする

5 ファンタジーをデザインする

6 ステークホルダーをデザインする

7 B2B製品をデザインする

8 意思決定をデザインする

9

商品機会をデザインする

10

知財戦略をデザインする

11 チームをデザインする

エピローグ イノベーション・パワー

プロローグ

イノベーションは誰が起こす?

スターバックスに入ると、奥にキャロラインとリックの姿が見えた。ポールは二人に手を振り、カプチーノを買って席に向かった。

「元気そうだね。仕事はどう?」

「まあまあかしら。今日、来期の目標について、ミーティングがあったの。去年の業績がいまいちだったから、予算が削減されてね。コストを二〇%減らして、利益を五〇%伸ばせって!」

キャロラインはそう言って笑った。

「すごいな。いわゆる努力目標? 本気なのかな?」

「さあ。うちの会社は、これまでも低いコストで高品質のものを作ってきたけど、今では他社も随分強くなってるでしょ。効率性という点では、これ以上望めないレベルに近づいてるから、かなりの難問だわ」

「うちも同じだよ」とリックも苦笑いした。「超低価格で攻めてくる新手の競合にどう対応するか、うちも途方に暮れてるんだ。生産コストの削減や品質向上という面では、できることが限られているからね」

「リックでも途方に暮れるのか?」

ポールは少し驚いて言った。リックは滅多に弱音を吐かない優秀な男だ。

「ああ。僕はシックス・シグマのブラックベルトとして、リーン生産に取り組んできた。低コストで高品質はもう当たり前になったから、競争は振り出しに戻ったわけだ。営業の連中はコストで競争できる新商品を出せと言うが、我々は素晴らしいものを作っている。だから品質の違いを説明すれば売れると思うんだけど、どうもうまくいかない。なぜだかわからないよ」

「お互い大変ね」とキャロラインはため息をつく。「でも、ポールの会社は、コスト競争とは無縁だと思うわ……。CEOが替わって、何か新しいことは起こってる？」

ポールの会社のCEO（最高経営責任者）は最近替わった。前とはちょっと違う視点を持っている男だ。これから会社がどう変わっていくか、ポールにはまだ明確に見えてはいないが、わくわくした雰囲気が社内に生まれているのは確かだ。

「何かが変わりそうな気はするよ。新しいCEOは、これ以上価格で競うよりも、イノベーションのリーダーになることをめざすと言ってるんだ。数日前、彼からビジネスウィーク誌を渡されてね。デザインの力[★1]について書かれた記事を読めと言われた」

「デザインの力？」リックとキャロラインは口を揃えた。

「それがおもしろいんだ。ビジネスの世界でデザインといえば、いわゆる産業デザインと、それが商品をどう良くしたかについて語られることが多いけど、その記事

★1 "The Power of Design"
*BusinessWeek*誌2004年5月17日号の特集記事。
BusinessWeek onlineにて、バックナンバーとして参照可能（2006年5月現在）
http://www.businessweek.com/

は違っていた。優れたデザインは、単に産業デザイナーを雇うことではなく、皆がイノベーティブになることで生まれると言うんだ。つまり、イノベーションとデザインの関係について解き明かしている。他にも、中国やインドの成長について述べた記事があった」

「アジアの企業は、もう低価格だけが強みじゃなくなってるよね」

「そう。中国製の商品が品質でも競争力を高めていることを指摘し、甘く見るなと言っている。今後は、イノベーションを起こすことが生き残りの唯一の方法だと強調してるんだ」

「イノベーションか……。うちの会社でも実現したいわ。でも、私はアイデア豊富とはいえないし、特別な才能があるわけでもないし。どうすればいいのかしら」

キャロラインがそう言うと、ポールは身を乗り出して言った。

「それが違うんだ。昨日、『ヒット企業のデザイン戦略』という本を買ってね。これもCEOに勧められたんだけど。その本によると、天才でなくても、適切なアプローチとプロセスを踏めば、イノベーティブな発想は生み出せるんだ。具体的な事例もたくさん紹介されているから、参考になるよ。きっと、問題解決の糸口が見つかると思う」

イノベーションについて書かれた本は多いが、そのプロセスを解明した本はほとんどない。デザインについても同様だ。本書でいうデザインとは、エンジニアリング・デザイン、インターフェース・デザイン、産業デザインなど特定分野の説明に用いる言葉であると同時に、人間の問題解決による変革を表す、幅広いコンセプトでもある。本書が目を向けるのは、イノベーションを起こす新たなデザインだ。それは優れた商品やサービスを生み出す原動力であり、顧客の感情的、知覚的、経済的な反応を呼び起こす。しかし、そのダイナミックなプロセスを解剖する方法は、これまで明らかにされていなかった。

今日の経済社会では、コスト重視からイノベーション重視へと戦略を転換することが求められている。もちろん、「イノベーションを起こすデザイン」を生むのは容易なことではない。特別なものを実現するために、毎日人々が斬新な発想を磨いて成長するように支援しなくてはならない。また、イノベーションとは多くが複合的な成果によるもので、特定の分野にのみ目を向けていて実現できるものでもない。

我々三人の著者は、ビジネス、エンジニアリング、産業デザインという三つの異なる分野をバックグラウンドとし、イノベーティブなプロセスの理解に努めてきた。企業の可能性は、多様性のあるチームにパワーや手法や勇気を与え、創造性を刺激し、新しい機会を開拓させることで広がる。本書は、まさにこうした取り組みから生まれた。それぞれの観点を一つの総合的な意見へと変換することで、現在トレンドとなっている「イノベーションを通じて企業をいかに有機的に成長させるか」というテーマについて、有用な視点を提供できたのではないかと考えている。

大学教授という役柄上、我々の作業はリサーチ、コンサルティング、教育のバランスをとりながら進化していった。単なる観察結果を報告しているのではない。多様な個人から成るチームのマネジメントや、独自の手法によってイノベーティブな解決策を生み出す過程を、実体験から学んできた。まだ漠然とした状態にある新市場について議論し、各種のアプローチを統合した商品開発プロセスを用いて、インサイトに溢れる商品を開発してきたし、商品開発を成功させるためのコンサルティングも行ってきた。我々のうち二人は、多くの企業の商品開発プロセスをまとめた本も出している。[★1] そして、こうした取り組みから我々は、成功するイノベーションを導き出す一貫性のあるパターンを発見したのだ。

本書は、イノベーションを個々の要素に分解し、イノベーションとは何か、なぜイノベーションは重要なのか、現在の市場のニーズを満たすために自分や自社をどう変革することができるか、といった切実なテーマを論じている。単にイノベーティブなコンサルタントを雇えばよいというものではなく、自社内にイノベーティブな文化を創らなくてはならない。その具体的なプロセスが本書のテーマである。

イノベーション・プロセスの中心には二つのタイプの人間がいる。一つめは、商品やサービスを購入したり使用したりする人々で、二つめは、それらの商品やサービスを開発するイノベーティブな人々だ。本書では、イメージを掴みやすくするため、各章の冒頭に商品やサービス

★1 Cagan, J. and C. M. Vogel. *Creating Breakthrough Products: Innovation from Product Planning to Program Approval.* Financial Times Prentice Hall, Upper Saddle River, NJ, 2002.

を実際に利用する人々の簡単なストーリーを載せている。それらは新商品やサービスの開発の初期段階でよく見られる典型例で、ターゲット市場のライフスタイルやトレンドなどの理解に役立つだろう。また、二つめのタイプについては、企業に所属する実在の人物を紹介した。特に有名な人ではない。しかし、紛れもなく彼らが、イノベーションを生み出したのだ。彼らはどんな着眼点を持ち、どのようにして、新しいタイプのイノベーターになったのか。本書には、彼らの協力と助言による有益なケーススタディが多数含まれている。

本書の目的は、この複雑な世界を生き抜く方法を見出すことだ。ディケンズの『二都物語』で語られているように、人生には良いときもあれば悪いときもある。明暗を分けるのは、障害をチャンスへと転換できるかどうかだ。常に幸運に恵まれると想定することはできないが、機会を発見したとき、それを活用し成功率を高めることはできる。それがイノベーションであり、あらゆるところでコモディティ化が進む現在において、生き残りの唯一の道となるものだ。

本書の大半の章は単独で読むことができるが、おおまかな構成は以下の通りだ。

第1章……新しいタイプのイノベーターについて説明し、三人の優れたリーダーと、彼らのアプローチについて紹介する。

第2章……商品開発においてコストや品質への取り組みだけではもはや生き残ることはできず、イノベーションが唯一の差別化の方法であることを論じる。

第3章……イノベーションのプロセスを概観し、それを自社に導入する上で重要となることについて説明する。

以下の章では、イノベーション・プロセスのさまざまな側面について扱う。


第4章……トレンドを読み、それを商品やサービスの機会へ転換する方法について述べる。

第5章……現代における「ファンタジー経済」の出現と、イノベーションがそれに与える効果について論じる。

第6章……商品やサービスに関わる全てのステークホルダー(利害関係者)を分析する新しいアプローチとして、「パワー・オブ・テン分析」という手法を紹介する。

第7章……B2Bビジネスの世界でもファンタジー志向のイノベーションの機が熟しており、ブランドや商品を一貫性のある戦略のもとに位置づけることの重要性を論じる。

第8章……商品開発プロセスで避けることのできない複雑な意思決定について扱う。

第9章……イノベーションが起こる商品開発の初期段階について詳しく解説する。

第10章……知的財産権を用いてどのようにイノベーションを保護し、ブランドを構築するかというテーマを取りあげる。

第11章……社内のイノベーション・グループを育てたり、社外のコンサルティング会社を活用してイノベーションを実現する方法について、一つの考え方を紹介する。

エピローグ……イノベーティブな人々が作り出した機会を踏まえて、イノベーションの持つ力について再考する。

まず第1章は、大企業に所属し、競争の激しい市場で、常にイノベーティブな解決策を生み出してきた三人の人物によって幕を開ける。それぞれが、新しいタイプのイノベーターの属性を示す良い例だ。三人は職業上のキャリアを発展させながら、職業と趣味とを結びつけ、幅広い視野を形成してきた。

彼らは、現在何が起こっているか、自社では何が可能なのかという両方の観点を持っている。創造的なアプローチと現実的な手法、教育と個人の能力、効果的なパートナーシップを組み合わせることで、三人は新しいタイプのイノベーターの役割を果たすようになったのだ。

では、さっそく見てみよう。

1 新時代のイノベーター

イノベーションで重要なのは人間である。商品を使うのも、創り出すのも人間だからだ。高名なプロダクト・デザイナーが商品デザインを手がけるケースは稀で、ほとんどの場合、デザインするのは「普通の人」だ。しかし、その普通の人がヒット商品を生み出し、大きな成果をあげる場合がある。彼らは、商品やサービスのあらゆる利用シーンを思い描き、機会を導き出し、商品を創り出す新しいタイプのイノベーターといえるだろう。では、どんな人がこうしたイノベーターなのか。彼らはどのようにして、顧客がわくわくするイノベーティブな商品につながるインサイト（洞察）を導き出すのか。また、共に働く人々をどのように刺激し、やる気を出させるのだろうか。

フォード――スタイリッシュ・カーへの転換

ディー・カプールは十八歳のときにインドを離れ、カリフォルニアのスタンフォード大学に入学するため、ニューヨークにやってきた。最初の飛行機が遅れて乗継便を逃してしまい、所持金二〇〇ドルの彼は途方に暮れた。なんとかスタンフォードにたどり着くことはできたが、その後も自由になるお金はなかった。あの手この手で毎日を乗りきるのが精一杯の生活だったが、それは彼に自信を与えた。現在、カプールがビジネスでイノベーションを推進する際、この困難な状況での創意工夫が活かされている。

スタンフォード大学で工学の学位を、カーネギーメロン大学でMBAを取得したあと、カプールはフォード・モーター・カンパニー[★1]に入社した。彼はフォードにおいても、障害をチャンスに変えるイノベーティブな方法を模索し続けた。ある時期、彼は米国で最も収益性の高い車両製造ラインを担当し、SUV（スポーツ・ユーティリティ・ビークル）とピックアップ・トラックを実用車からスタイリッシュ・カーに転換するプロジェクトに参加した。素晴らしい実績をあげたカプールは、二〇〇三年にトラックとエンジンを世界的に扱うトラック部門の責任者に任命された。

★1 Ford Motor Company
http://www.fordvehicles.com/

カプールは、創造性と収益性をバランスよく兼ね備えた「実用的なイノベーション」を信条としている。イノベーションは命令すればできるというものではない。しかし、イノベーションを育むプロセスを起こすことは可能だ。彼はひらめきと現実性を併せ持った手法を示しつつ、教育や予算配分、報償制度によってイノベーション・プロセスを強化している。事業を推進するなかで、目指すべき方向性として明確にイノベーションを掲げる。そのために時間や予算をどう配分するか。どのように従業員を育て、優先順位を示し、やる気を起こさせるか。彼は成果を日々確認する。

彼は、「**アイデアにタブーはない**」という方針を掲げる。こうした方針はゴールの達成だけでなく、企業カルチャーの形成にも役立つ。既成概念を取り払い、無難な目標設定では起こりえないような戦略にも発展する。こうした方針のもと、彼は部下のアイデアを受け入れるべきか否かの絶妙なポイントを選り分ける直観を養ってきたし、部下をやる気にさせ、創造的な環境を作りあげてきた。また、こうありたいという理想像に近づくために、自ら実践してみせることもある。その率直さと誠実さによって、誰もが彼のことをすぐに尊敬するようになる。彼は言葉も時間も一切無駄にしない。他人のあらを捜すのではなく、目標達成に目を向ける。それは皆が一丸となって目標に向かうときのパワーを知っているからだ。

カプールはこれまでのキャリアを通じて、自分と同じように幅広く物事を捉えられる人材の見極めに努めてきた。全ての人を引き上げる確実な方法はないが、コアとなる人材を見極めれば、グループやプロジェクトチームを動かすことができる。彼によれば、どんな組織でも約三〇%の人々は、勝ちたい、少なくとも違いを出したい、という情熱を持っているという。リーダーにとって重要なのは、そうした人材を見極め、育成し、彼らのエネルギーを利用して周囲を巻きこむことだ。この三〇%の人々の忠誠を得られれば、成功したも同然だ。彼らに挑戦や刺激を与えれば、周囲の人々を動かすスピードやエネルギーを発揮するようになる。各人の価値を認めることによって、人々のやる気を促し、共通のゴールに一丸となって向かわせることができる。**誰が正しいとか間違っているとかではなく、前進するために何をすべきかが重要なのだ。**

著者である我々も、自動車業界の仕事をしたとき、自分の専門分野に固執して仕様変更や社内の他部門の見解に防衛的な態度をとるマネジャーの例を数多く見てきた。デザイナーは、他の連中はデザインの見映えや全体感を理解できていないと文句を言う。自分以外の者が細部を変更してしまったら、全体の効果が損なわれるというのだ。それに対してエンジニアは、コスト的に問題があるとか、性能品質で妥協しないと思いどおりのスタイルにできないと主張する。製造担当者は形状の複雑さや指定資材の現実性に異論を唱える。人間工学や安全性の専門スタッフは常に、高い安全性を確保するためにエンジニアリングとスタイリングの変更を求める。マーケティング担当者は、デザイナーから新しいアプローチには矛盾点があるとしてスタイル変更を拒まれた件で愚痴をこぼす。要するに、合意できない理由は山ほどあるのだ。カプールは誰かの肩を持つことは好まない。しかし、その必要に迫られた場合は、結果がうまくいくことを確認した上で、チームメンバーの理解を促すように努める。彼にとって不変の運営テーマは「一致団結して実行すること」である。

　実用的なイノベーションには右脳と左脳のバランスが必要とされる。このバランスによって幅広い視点で状況を把握し、企業の複雑な意思決定に内在する二面性にも対処できるのだ。彼は、課題を異なる複数の視点で捉えることができる。エンジニアリングとビジネスを理解するための分析力に加えて、商品を利用する人のライフスタイルを捉えるセンスを持ち、人間の反応を観察し、消費者を購買へと駆り立てる潜在的な欲求を見極めることができる。カプールはインドのヒマラヤ地方で育ったが、父親の転勤によりヨーロッパで過ごした経験もあった。ヒマラヤでの高校生活、子供のころの数年間のヨーロッパ滞在、そして、世間の荒波に身をさらした経験によって、グローバルな見方が養われたのだ。

　自動車のデザインに着手したとき、カプールはエンジニアリングと同じくらいスタイリングにも夢中になった。フォードのトラック部門を率いているあいだ、マーケティング担当のボブ・メイソンとアリソン・ホウィット、デザイン責任者のパット・シアボーンと一緒に、サドルレザーの内装でツーシートの古いロードスターを視察した。その車はハイクラスな雰囲気を持っていたが、同時に、使用しているレザーからカウボーイが使う鞍が連想された。そのうえ期せずして、カウボーイはそのピックアップ・トラックの顧客だった。そこで、テキサス州南部のキング牧場[★1]とブランド提携し、サドルレザーの内装を用いた限定版Ｆ１５０ピックアップの開発に着手した。キング牧場とＦ１５０は、フォード社内に数々の功績を残した。このプロジェクトによって、フォードのブランドにおけるイノベーションが明確化され、チーム

★1 King Ranch
http://www.king-ranch.com/

全体の士気が上がった。二〇〇四年に発売されたF150の新型モデル（詳細は次章を参照）も、ハーレーダビッドソンF150も、キング牧場との提携を進めたチームの商品だった。カプールによると、一番大事なポイントは「**絶えず変化すること**」で、これは彼のイノベーション観の中心となっている。

カプールの直近の仕事は、車両のコスト削減という難問への対処だった。削減そのものは難しくはない――不要な部品を全て取り除き、必須部品を値切ればよい。だが、そうしたアプローチをとった企業は、安売りせざるをえなくなる。難しいのは、コスト目標を満たしつつ素晴らしい商品を作り出すことだ。創造的なイノベーションと、コストという実利的側面の両方を扱える人材が、以前にも増して求められている。カプールは今、トラック業界における国際的ブランドの明確化と再編にも同じアプローチが使えるかどうか検討している。

カプールはイノベーションのマネジメントに関する自身のアプローチを、次の三つのステップにまとめている。

❶イノベーションと大胆さを企業文化の一部にする。
❷頻繁かつ可能なかぎり多くの形で、模範となるイノベーションを示す。
❸イノベーションを育てるマネジメント・プロセスを設ける。

カプールは、「社会や国の将来はイノベーションによって輝く」というビジョンを抱いている。彼は新しいタイプのイノベーターだ。

ワールプール——白物《しろもの》家電からの脱却

チャック・ジョーンズは、ミシガン州にあるレース場、ミシガン・インターナショナル・スピードウェイで、ヴィンテージのインディーカーレースに参加していた。彼は八歳でレーシングカーに乗りはじめ、十五歳でプロに転向した。

四十四歳の現在、世界最大手の家電メーカー、ワールプール・コーポレーション[★1]でグローバル・コンシューマー・デザイン担当バイスプレジデントを務める傍ら、毎年六つのレースに参加し、活躍を続けている。時速一六八マイルで運転するには、かなりの集中力が求められるが、ジョーンズは年齢の半分にも満たない若い競争相手に勝ち続けている。彼はこうすることで日々の単調な仕事から抜け出し、物の見方が近視眼的になることを防いでいる。毎日の仕事と趣味の切り替えの潔さは、彼のイノベーション観そのものだ。きっぱりと頭を切り替えて考えることが、商品やサービス、ブランドのパラダイムシフトを生み出す。

以前、ゼロックス・コーポレーションに勤めていたときに、彼は品質管理を学んだ。このプログラムは一九八〇年代の同社の成功を支えた重要な要素だ。ジョーンズは新しいコピー機の

★1 Whirlpool Corporation
http://www.whirlpool.com/

商品開発を数件担当し、デジタル商品のインターフェースを完全に理解したのち、ゼロックスを去った。

ジョーンズは主に産業デザインで研鑽を積んできた。そして、彼もカプールと同じように右脳と左脳をバランスよく使う能力を持っていた。エンジニアリングの側面では複雑な数学理論を難なくこなし、マネジメントを行う。一方で、デザインの創造的可能性を追求する。

ワールプールに転職後、彼はグローバル・ブランド・デザインやユーザー・インターフェース、世界の顧客理解プログラムといった重要な機能を管理している。ミシガン州ベントン・ハーバーというあまり有名ではない場所にある本社から、彼はワールプールのグローバル・デザインと、それ以外にも全米で展開している「キッチンエイド」ブランドの商品ライン、さらに「ケンモア」や「イケア」のブランド名で展開している家電のデザインを管理している。

ジョーンズとワールプール北米チームが手がけたブランドのイノベーションの一つは、ガレージと地下室の収納システム「グラディエーター・ガレージワークス」[★1]という商品ラインだ。彼らは、多くの家庭で、台所、居間、寝室、浴室など住宅内の購買決定権を女性が握っていることに注目した。つまり、男性にとって家のなかの最後の砦は、地下室とガレージということになる。品質のよい棚や高級家具を兼ね備えた「夢のガレージ」、グラディエーター・ガレージワークスの商品を全て揃えるには、二万五〇〇〇ドル以上かかる。同商品の「フリーザレータ」は冷蔵や冷凍機能を調整でき、「ビバレッジ・ボックス」は冷たい飲料を一七〇本収納できる。この家電は温度を感知し、蒸し暑いガレージで中のものを冷たく保つ冷蔵機能だけで

★1 Gladiator Garageworks
http://www.gladiatorgw.com/

なく、チルド状態のものを凍らせないようにするためのヒーターも内蔵されている。この新商品は、発売の翌年には、ワールプールに二五〇〇万ドルの売上をもたらした。

ジョーンズがワールプールにやって来たのは絶好のタイミングだった。彼は「コピー機の会社」から「ドキュメント・カンパニー」へと移行した会社で経験を積んでいた。ゼロックスはプリント事業に参入し、世界で最も複雑で近代的な業務用プリンターをいくつか製造した。同社は電子工学、電気機械、工業技術を用いて、複雑なデジタル商品に統合しようと試みた。これらの機器は日々酷使される上に、インタラクションが複雑でユーザーの幅も広く、インターフェースのデザインには、まったく新しいアプローチが必要だった。ジョーンズは人と機械とを結びつけるデジタル・インターフェース・デザインの重要性を学んだ。操作がわからなかったり、誤操作で余計な時間を取られたら、世界最高のコピー機やプリンターであっても無用の長物でしかない。

ジョーンズは家電業界も同じ課題を抱えていることに気づいた。そして、操作を複雑にせず、機能やサービスを改善すれば家電業界を支配できると確信した。ほとんどの家電メーカーは市場の変化に気づかず、依然として「白物家電」の域を出ていなかった。たとえば、洗濯機と乾燥機は平凡で、どこにでもあるコモディティ（日用品）と見なされていた。古いパラダイムでは、ランドリー・ルームの美観を気にする人などいないし、洗濯機が壊れたら、そのまま同じブランドの商品に買い換えるとされていた。実際、洗濯機と乾燥機がセットで売れたのは、一八％にすぎなかった。

そこで、ジョーンズは配下の国際チームを活用し、欧米のグローバル・エンジニアリングとブランド・マーケティングに沿って、「デュエット」という洗濯・乾燥機の開発に着手した。デュエットにはヨーロッパの技術プラットフォームに、北米のテイストと信頼性の基準が適用された。操作性と人間工学を重視した結果、中身を取り出すときに腰を曲げなくてもすむように、洗濯機と乾燥機は台座の上に乗せられた。デュエットで打ち出した美的感覚と人間工学は、ランドリー・ルームの見映えを一新した。

今日、デュエットの九〇%以上がセットで売れている。大好評のなか、ワールプールは発売後、三回の価格引き上げに成功している。国際的に認められる美観、優れたエネルギー効率、高い人間工学的水準を融合させて創り出した消費者ベネフィットのおかげで、デュエットは競合商品の三倍を売り上げた。消費者はその価値を認め、イノベーションの成功例と見なしたのだ。

ワールプール・ブランドの大きな成功と同様に、ジョーンズによる「キッチンエイド」[★1]の開発ストーリーも興味深い。キッチンエイドのフード・ミキサーは米国の台所用品の定番で、競合品を知覚価値ではるかに凌いでいた。デジタル製品の時代に、昔ながらの電気製品として愛されていたキッチンエイドのミキサーは、新婚夫婦への贈り物の定番で、老夫婦になってもずっと使い続けられた。

しかし、問題は一生ものの商品はたくさん売れないということだ。そこでジョーンズは、キッチンエイドのブランド・エクイティを活用して、プロ仕様の新シリーズ「キッチンエイド・プロライン」を打ち出した。ウィリアムズ・ソノマ（米国の高級食器や台所用品専門店）に行くと、

★1 KitchenAid
http://www.kitchenaid.com/

中間色のメタリックグレーで全て統一された商品ラインがある。キッチンエイドのミキサーの頑丈さを継承しつつ、生真面目でプロフェッショナルな外観を兼ね備えた商品だ。この新商品ラインは、キッチンエイド・ブランドのデザイン・チームが、世界有数のデザイン・コンサルティング・ファームであるジバの協力を得てデザインした。外部のコンサルタントと連携して成功を収めた非常に良い例である。

プロラインは、ほとんどが税抜価格で三〇〇ドル以上するにもかかわらず、ウィリアムズ・ソノマは半年間の独占販売契約を結び、二〇〇三年のクリスマス・シーズンには、在庫の取り寄せが間に合わないほどだった。すぐ近くの棚でヨーロッパ製ワッフルメーカーが五十ドルで販売されているのに、なぜ三〇〇ドルのワッフルメーカーを買う人がいるのだろうか？

バケーションでの経験によって、新商品の購買を刺激されるケースがよくある。たとえば、あなたの子供たちはヒルトンホテルのブランチが大好きだったとしよう。なぜなら、大型のプロ仕様のワッフル型を使って、自分でワッフルを作れるからだ。この大きなワッフル型には大きなハンドルがついていて、閉じた状態で全体をひっくり返し、二枚のワッフルを同時に焼くことができる。最初のうちこそ大人がつきそったが、子供たちはすぐに自分でできるようになり、大きなハンドルをひっくり返して分厚いワッフルを作るのに熱中する。

もし家でも子供たちに同じ経験をさせることができれば、素晴らしいではないか。バケーションから戻ったあなたがウィリアムズ・ソノマに行ってみると、そこにはバケーションのときに子供たちが熱中したのと同じワッフルが作れる三〇〇ドルのキッチンエイド・ワッフルメーカーが置かれている。キッチンエイドを買う人は、あのときの経験を求めている。コストやサイズは問題ではないのだ。今や土曜日は、家族の特別なイベントとなり、家族全員がバケーションでの経験を思い出すことだろう。こうした商品の利幅は非常に大きく、従来のワールプール商品の利幅を上回っていた。また、ウィリアムズ・ソノマに六カ月間の独占権を与えることによって、さらに商品の魅力を高め、販売価格を維持することができた。

ここからの話は、ブランドの観点からとても興味深い。ディスカウント・ストアのターゲット★1に行くと、同じキッチンエイドのミキサーを見かけるだろう。同商品はあらゆる年代層・性別の人を対象としている。しかし、プロライン・シリーズは置いていない。その代わりに、ターゲットの赤いマークがついたキッチンエイドの五十ドルのセットと二十ドルのばら売り商品が売られている。このように富裕層からディスカウント・ストアの客までブランドを拡張するのは容易なことではない。キッチンエイドのミキサーを消費者への「アンカー（錨）」として使うことはイノベーティブなマーケティング発想で、これまでのところ投資に対する見返りも大きい。キッチンエイド・ブランドの更新（リファイン）や拡張（ストレッチ）というアイデアは、競合の不意をつくものだ。

ジョーンズは、新しいタイプのイノベーターの一人である。彼は五年間でグローバル・ブランド・グループをスタート時点の十五人から一〇〇人以上のグループへと育て上げた。彼のスタッフは皆、ワールプールの成功にあやかろうとする他企業から引き抜きの声をかけられる。二〇〇三年に、ジョーンズはホワイトハウスでスミソニアン研究所によるナショナル・デザ

★1 Target Corporation：米国の大手量販店。ECにも幅広く展開している。
http://www.target.com/

イン賞を受賞した。それは、ワールプールを世界的な家電ブランドにし、デザインリーダーとして認められることを目標に、彼と彼のチームが何年もかけて行ってきた戦略成功の積み重ねの結果だった。カプールと同じように、ジョーンズは自分が関与している場を「見通す」ことができる。つまり、彼は経験を通して、デザインやエンジニアリングやマーケティングが相互に絡みあった課題を見抜き、理解できるようになったのだ。

イノベーションのリーダーとして、ジョーンズはいくつか目標を持っている。

❶ **時間、場所、資金などの経営資源をイノベーションの探求に使えるようにしておく。**

経営資源の二〇～三〇％はイノベーションに当てる。

❷ **イノベーションの創出ルートがうまく稼動するために経営資源を使う。**

グループは年に何百ものアイデアを創出し、何十もの有望なアイデアを検討し、その後、市場投入の候補となる商品やブランドを十件程度に絞りこむ。

❸ **どのアイデアが企業の事業に適合するか厳しく判断する。**

❹ **誰もが成功に貢献するチャンスを持てる環境を創り出す。**

いくら才能豊かな人材を集めてチームを作っても、その才能を活用しなければ無意味である。

⑤ イノベーションを追跡調査し、その影響力を理解し、それを企業全体に見えるようにすることで、グループの価値を明確にする。

測定できるものにすれば、注意を引くことができる。

⑥ 学識と世間を生き抜く知恵を兼ね備えた人物を雇用する。

彼らは右脳と左脳の両方を使うことができる。

ニューバランス――顧客中心のデザイン

エディス・ハーモンは大学の学部と修士課程で機械工学を学んだ。しかし今日、彼女はアパレル業界において最もダイナミックで、先進的なプロダクト・グループの一つを率いている。シャツやジャケットを作るファッション・メーカーと違い、ニュー・バランス[★1]はスポーツの際に身体をサポートする最先端の技術を開発している。スポーツ衣料はファッション性だけでは語れない。素材、製造、人間工学、生物医学、ライフスタイルの全てがウエアやシューズに込められている。ハーモンはGEで航空機のエンジンのデザインに携わり、技術を修得した。一九八〇年代には一時、ベンチャーの代替エネルギーの発電所のデザインも手がけている。

★1 New Balance
http://www.newbalance.com/

しかし、彼女は消費者とのつながりを持ち、発案から市場での成功までフォローできる、もっとライフサイクルの短い商品を求めていた。航空産業では本物のイノベーションを一生に一度、運よく目にできるかどうかだ。

それまで機械工学一筋で歩んできた彼女が、流行が中心の業界に身を投じ、いかにして将来の商品コンセプトを手がけるマネジャーになれたのか。カプールやジョーンズと同様に、ハーモンも調和のとれた右脳を持ち、機械工学で使う左脳とバランスさせていた。ニューヨークで育った彼女は、頻繁にミュージアムや劇場に通い、芸術に親しみながら成長した。大学で機械工学を専攻していたときも、彼女のお気に入りの授業は美術史と映画だった。彼女は芸術的な人々を高く評価し、尊敬の念を抱いていた。そうして身につけた審美眼をニューバランスでの仕事にも活用したのだ。

ハーモンは新しいタイプのイノベーターの基準を満たしている。デザイナー、マーケティング担当者、素材担当エンジニア、製造担当者などに対して共通言語を持ち、対等の立場で話ができる彼女は、新しいアイデアを先進的な商品コンセプトに発展させる際に必要な複数の専門分野をもった有能なマネジャーだ。

また、彼女は新しい人材を採用する際、チームの力学を重視する。人々は互いに尊敬しあわなくてはならない。才能や注力分野がそれぞれ違う以上、各人のスキルはチーム内で尊重されるべきだ。そして各人には自主性が求められる。ハーモンはこういうタイプの人材を発掘し、他社よりも良い環境や経営資源を彼らに与えることが自分の役割だと考えている。

ハーモンはチームに対して、ニューバランスを成長させるものなら、競合との危機にさらされないかぎり、新しいアイデアを試してみるよう奨励している。彼女はマネジャーとして、チームを守り、彼らが自由に探求できるようにするための緩衝地帯を設けている。新鮮で有効なアイデア、つまりデザイン性と機能性のバランスがとれ、先入観のないイノベーティブなアイデアをチームが創り出せるようにするのが目的だ。

アドバンスト・プロダクト・グループのマネジメントにおいて、ハーモンは最終的な結果よりもプロセスを重視する。彼女はチームに対して、探求したり、まわり道をしたりする自由と、結果までの道のりを示すインサイトや発見を得るための柔軟性を認めている。こうした自由は、自主性やイノベーションに対する批評眼を養う。さらに、このプロセスは、孤独な発明者を、新鮮で有効なアイデアを大量生産するグループ・イノベーターに変える必要条件でもある。チームは個人では通常持ちえないバランス感覚を備える。

アドバンスト・プロダクト・グループの成功例は多数あり、1100ウルトラ・トレッキング・シューズもその一例だ。これは、表面が防水コーティングされ、埃や小石が靴のなかに入らないような加工がされていて、爪先《つまさき》を保護するためのゴム製のバンパーがついた、トレッキング用のプレミアム・ランニング・シューズだ。靴底はまるでタイヤの溝のようで、荒れた路面でも衝撃から足の裏を守り、中に入った水がすぐに靴を通り抜けるように考慮されている。

チームは最初から最後までユーザー中心のデザインアプローチを採用した。彼らは商品開発において、一度に五十～一〇〇マイルほど走る「ウルトラ・ランナー」に注目した。こうした

M1100JOR（写真提供：株式会社ニューバランス ジャパン）

ランナーのニーズを満たしていくうちに、チームは平均的なオフロード・ランナーのニーズも満たせることを知った。

リサーチは広範囲にわたり、競技主催者から「ウルトラ・ランニング」誌の発行者まで、幅広いステークホルダーにインタビューを行った。これにはもちろん、ウルトラ・ランナーも対象に含まれていた。ランナーを、始めたばかりの「初心者」と、ランニングがライフスタイルの中心となっている「ベテラン」と、ハードなレースで勝利を目指し、シューズ・メーカーがスポンサーになっているような「エリート」の三タイプに分類し、それぞれ自宅、オフロード、競技場でインタビューを行った。

チームは何時間もかけて彼らと一緒に走り、彼らの世界を実体験した。地面の状態が異なる場所を走るランナーのニーズも正確に理解するために、ユタ、コロラド、ニューメキシコ、アラスカなど、実際に行けない場所のランナーにも調査を行った。こうした地域のランナーたちには、自らの経験を記録してもらうために使い捨てカメラを送り、あとで写真を見ながら電話インタビューを行った。

面白い発見は、ランナーが意図的に小川を走り抜けることだった。一〇〇マイルも走っていると、足は熱を持って腫れてくる。そんなとき、小川の冷たい水が火照った足を癒してくれる。そこで、ハーモンのチームは、水が入りこんでも、さっと出ていくようにしたいと考えた。爪先の付近は、むき出しの疎水性のメッシュで水が入ってもすぐに乾くようにし、靴底にはランナーが水を出したいときに「排出し乾燥させる」穴をつけた。

チームは、アドベンチャー・レースやオリエンテーリングなどの関連スポーツや、リサーチで確認されたニーズに応える他の商品についても調査を行った。こうしてブランディング、戦略的リサーチ、競合分析、ポジショニング、主に専門店ルートでの新商品の流通方法などを盛りこんだ、一つの事業案がまとめられた。

チームは、第9章で紹介するようなイノベーション・プロセスを実行した。チャンスがあることが判明すると、彼らはすぐにブレイン・ストーミングを行い、コンセプトを考え、試作品を作って実現可能性を試験した。インタビューを行ったユーザーの多くに試作品を使ってもらい、フィードバックを得た。そして、さらなる修正点を明確にしたあと、素晴らしい商品に仕上がるまで、このプロセスを何度も繰り返した。

これは理想的な商品開発プロセスだ。実際には、こうした完全にユーザー中心のデザイン・プロセスを踏むための経営資源やサポートを提供してもらえるチームはわずかしかない。しかし、結果の違いは明らかだ。このシューズはランニング・ネットワークから金賞を受賞し、売上数は年間一万足に達した。これは1100ウルトラのような専門商品としては驚くべき数字だ。イノベーションや新商品の開発において、こうしたアプローチをとるには、チームや環境を育てサポートするハーモンのようなマネジャーが必須である。

アドバンスト・プロダクト・グループのマネジャーとして、ハーモンは次のような目標を掲げている。

❶経営資源を利用可能にする――時間や予算だけでなく、失敗の自由も与える。
❷際立ったスキルを持つ個人を集めてイノベーション・グループを作る。そして、各人のアイデアの価値を認め、グループ内で互いに尊敬しあえるよう議論を戦わす。
❸グループ内で自主性を養い、信頼感に根ざした積極的な参加と、プロセスや目標を楽しむことを奨励する。

イノベーターになるには?

ディー・カプール、チャック・ジョーンズ、エディス・ハーモンは、新しいタイプのイノベーターである。彼らは差し迫ったビジネス・ニーズと商品の無限の可能性とのあいだで、現実的なバランス感覚を示してきた。また、企業戦略の全体像と商品開発の特定の要件もうまく調和させている。これは、特別な方法論を使っているからではない。意思決定を行うときのマインドが違うのだ。こうしたマインドは、彼らがイノベーション・プロセスのマネジメント方法や人材育成方法を学ぶなかで獲得したものである。そして、こうしたマインドや知見は誰もが学べるものだ。彼らから学ぶことは多いが、最も重要なのは、有能で実践的なイノベーターになるために何をすべきかである。

彼らのアプローチが標準的ではないにもかかわらず社内で尊敬を勝ち得てきたのは、彼らがフォードやワールプール、ニューバランスのような企業でイノベーションに対する社内環境を育み、マネジメントする方法を心得ていたからだ。三人のイノベーターは大企業の例だが、イノベーターはあらゆる業種・規模の企業に存在する。第2章でボディメディアという企業で活動中の若いチームを、第7章でレッドゾーン・ロボティクスのCEOエリス・クロースの事例を取りあげている。彼らは小さなベンチャー企業で実用的なイノベーションを成しとげてきた。また第11章では、IDEOのデビッド・ケリーなど商品開発のコンサルティング・ファームの話も紹介している。

こうした人々は、商品開発チームからそれを使うユーザーにいたるまで、イノベーションの要は人間だと知っている。彼らは、意欲的で有能な人材を見極める方法や、同じ目標に向かってチームが連携することの大切さを心得ている。また、困難な状況でイノベーティブな解決策を見つけるという難題にひるむことなく、時にその状況を楽しむことさえある。つまり、他の人々がリスクだと感じるところにチャンスを見出すのだ。彼らのマネジメント・スタイルは、ホッケーのスター選手を見ているようだ。すなわち、パックがある場所に滑っていくのではなく、パックが来そうな場所に滑っていくのだ。

本書のテーマは人間である。**イノベーションで重要なのは、人々のニーズ、ウォンツ、願望を**

正しく理解することであり、それによって市場での成功が左右される。そのため、利用者のシナリオが、イノベーティブな商品を開発する上で重要なツールとなる。各章の冒頭に記したシナリオは、商品の利用シーンを理解するために開発者が作ったものだ。フィクションではあるが、実際のモデルを反映させている。

本書では、イノベーションのプロセスについても紹介している。ただし、社内のどこかで創り出された新商品についての戦略的なマーケティングという、あとづけの商品マネジメントに関するものではない。市場の機会を発見し、それを実現する商品開発という現在進行形のイノベーションがテーマなのだ。

本書で紹介するツール、方法論、インサイトは、我々のコンサルティング活動や研究プロジェクトの結果から導き出されたものだ。これらは新しいタイプのイノベーターのツールでもあり、イノベーション・プロセスで役立つように、ステップごとに紹介している。しかし、フレームワークやチェックリストが一通りあれば成功するというものではない。**イノベーションは、自ら徹底的に考え抜く必要がある。**

2 残された唯一の道

低価格や品質向上だけでは、もはや労働力の安い海外の競合企業には勝てない。この状況を打破するために、企業はクリエイティブな側面に目を向ける必要がある。差別化要素はイノベーションを通じて生まれるものだ。そしてこのイノベーションこそ、新しいグローバル経済において収益を生み出す戦略的武器となるだろう。

バーモント州バーリントン市。ロバートは、毎年恒例の健康診断を受けに行くまで、心臓の健康状態について心配したことなどなかった。彼の父親は心臓発作で亡くなっていたが、自分は四十六歳の年齢にしては申し分なく健康だと思っていた。

週に何度か運動もしていたし、ペペロニ・ピザだけはやめられなかったが、日々の食生活にも気を配っていた。そのため、コレステロール値と血圧が去年よりも上がっていることにショックを受けた。

医者も大事をとって、二十四時間監視のヘルスモニタリング・システムをつけるよう勧めた。モニターを装着するのは、さぞ煩わしいことだろうと想像していたので、ボディメディア製[★1]「センスウエア」という滑らかで小さなモニターつきアームバンドを見た瞬間、ロバートは感激した。

そのアームバンドは、身体機能の数値を絶え間なく監視し、結果をコンピュータにダウンロードすることができた。そのデータは専用ソフトウエアで管理され、異常が見つかると担当医に通知するようになっていた。

だが、もっと驚いたのは、この小さなモニターを自分がまわりの人たちに自慢していることだった。彼にとっては、これが初めて出会ったボディ・モニターだったが、いまや生活の一部となっている。

★1 BodyMedia
http://www.bodymedia.com/

イノベーションは発明を超える

「イノベーション」と「発明」は、何が違うのだろう。ビジネスにおいて、なぜイノベーションが実用的なのだろう。この違いは理解しておくべきだ。

エジソンが電球を開発したケースや、フォードが流れ作業による自動車製造工程を完成させたケースは、「発明」といえるだろう。電球は職場や家庭を明るく照らすものとしてガス・ランプに取って代わり、フォードの製造ラインはガソリンで動く乗り物を、馬や馬車と同じくらいの価格まで押し下げた。これらの発明は確かに技術的飛躍があった。しかし、一方で、まったく飛躍どころではない部分も残された。フォードの自動車は、音が大きく、乗り心地は最悪で、走り出しが危険だった。また、初期の電灯には、ガス灯やロウソクのような暖かさや魅力がなかった。

テクノロジーは進化し、今でも発明は続いているが、イノベーションはグローバル経済を動かす原動力として、発明を代替するようになった。**我々がイノベーションという言葉で意味するのは新しい技術の発明だけに留まらず、インサイトに基づく活用、商品化、機能拡張、既存技術との組み合わせなどを含む。重要なのは、企業から見て何かが増えたということではなく、顧客から見て価値のある飛躍であることだ。**

イノベーションとは、人々の生活に密着し、暮らしを豊かにする商品やサービスを開発することによって顧客価値を引き上げる包括的なアプローチである。そして、我々が意図するイノベーションとは「実用的なイノベーション」だ。それは、既存のものに取って代わる新しい何かを探し出すだけでなく、それを収益性の高い商品へと発展させるアプローチであり、また、市場の機会に挑戦しようとするチームの能力を引き出すマネジメント・プロセスでもある。

ビジネスにおけるイノベーションには、便利で実用的で消費者がほしくなるような商品やサービスの開発だけでなく、市場性や収益性も要求される。新しいひらめきと市場の現実との折り合いをつけるためには、ビジョンと商才のバランスを取る必要がある。企業が今まさに直面している課題とは、一般の人々には刺激が強すぎる商品と、平凡すぎて訴求力に乏しい商品とのあいだの適正な水準を見つけることである。注意しなければいけないのは、平凡なコモディティ商品ではたいした収益を見込めないということだ。企業はしばしば冒険を避けて、無難な道を選択する。一方、「刺激が強い」商品の開発はチャレンジングで面白いかもしれないが、明確な収益予測ができずリスクが高すぎる。しかし、実用的なイノベーションというバランスのよいアプローチを発見すれば、企業は成長し、今日のグローバル経済のなかで競争力を維持できるだろう。

最小限の技術的進歩によって達成された良いイノベーションの例は、一九九〇年代のモトローラによるポケベルのデザイン変更だ。機能はさほど変えずに本体ケースをカラフルにしただけで、モトローラは一個あたり十五ドル高く課金することに成功した。[★1] あるいは、歴代のパームPDA（携帯情報端末）のなかで、商業的な大躍進を遂げたパームVのデザインもそうだ。これ

★1 Postrel V. I. *The Substance of Style: How the Rise of Aesthetic Value Is Remaking Commerce, Culture, and Consciousness.* HarperCollins, New York, 2003. p. 67.

はＩＤＥＯのデザインによるものだ。ＩＤＥＯゼネラル・マネジャーのトム・ケリーによると、パームＶは基本的に前世代のパームと同じ技術を用いてデザインされたが、主に経営者や女性を惹きつけるために、美しさや人間工学に配慮してデザインを行ったという。滑らかなラインで、薄く、つや消しのアルミニウム仕上げとなっている。この商品は前世代の機種に比べて価格を一五〇ドル上乗せし、ＰＤＡ市場の拡大に成功した。★2

発明は一人の天才から生み出される。それに対してイノベーションはチームがさらなる技術進歩を目指して、ある目標に打ちこんだ結果として生み出される。発明の場合、利用者の経験よりも発明品自体に焦点が当てられる。発明家は人間工学や美的感覚に価値を見出さず、ルーブ・ゴールドバーグ★3的な解決策に満足する。一方、イノベーションは顧客視点で、ニーズや願望をどう実現するかを注意深く丹念に練りあげる。商品を成功させる要因は無数にあるので、その対象範囲は発明よりも広い。たとえば、スターバックスはコーヒーを発明したわけではない。しかし、コーヒーを楽しむ体験を変えた。あえてコーヒーの味わいという品質とコーヒーを飲む雰囲気という感覚的な部分を前面に押し出した。それに対して、顧客は今までよりも高い金額を喜んで払った。クライスラーはＰＴクルーザーを発明したのではない。改造車や小型バンやステーションワゴンに新たな解釈を加えたイノベーティブなレトロ調の車を創り出し、同時に伝統的なブランドをさらに拡張させた。ゼネラル・モーターズはハマーをファッションや安全性に関する究極のメッセージへと代え、もてあますほど大きく扱いにくい車を流行らせた。ボディメディアもまた、加速度、熱流束、体温、肌の反応を測定するセンサーを発明した

★2 *The InnRoad.* A film produced by R. Lambert and presented by Advanced Elostomer Systems, 2004.

★3 米国の漫画家。簡単なことを複雑な工程で実現する漫画を描いた。

わけではない。同社のイノベーションは、センサー技術を、現代のライフスタイルに合わせて身につけることができ、どんな動きにもフィットし、健康データを二十四時間集められる商品へと広げたことだった。

実用的なイノベーションを実現する原動力となるのは、社会の変化、経済状態、技術進歩の三つの要素だ。新商品の機会は、これらの要素がいろいろな形で組み合わさって起こる。社会的な要素は特に興味深い。トレンドの変化に対応し、それに合わせた解決策を開発することが、ブランドの観点から最も成功しやすい戦略であり、また高収益が得られる。たとえば、セグウェイは個人用の乗り物として素晴らしい技術的な解決策であったが、社会的な受容度が不足していることを読みきれなかった。一方、プリウスを発表したトヨタは、ハイブリッド車の受容度がガソリン価格の上昇によって高まることを予想していた。ホンダもトヨタもそれぞれハイブリッド車の開発に取り組み、初代の製品では賛否両論の評価をともに受けた。しかし、トヨタはハイブリッド車にこだわり続け、ブレイクスルーとなる解決策を発見した。

イノベーティブな商品を開発するのは容易ではない。今日の課題は、新しい荒削りの技術的発明を他社に先んじて市場に投入することではない。社会、経済、技術の変化に対応し、顧客ニーズを把握し、商品化し、サービスを充足させ、より統合された包括的な解決策を提供することである。家庭や職場における消費者の期待を受け止め、商品はそのコア技術を最大活用し、用途を明確に示し、使いやすく、感情的な欲求にも十分に応えられるだけの魅力を備えていなければならない。多くの企業はこれらの一つか二つに秀でることで戦おうとしてきた。もちろん、全てを最適化するのは大きな挑戦といえるだろう。しかし、それがグローバル競争を勝ち抜くために必要なことであり、イノベーションの核心である。**イノベーティブな企業になるには、企業文化を変え、真の顧客価値を生み出す環境を創り出そうと、社員全員が貢献しなくてはならない。**

日常生活のなかでは誰もがイノベーターだ。企業は、多くの従業員が家で趣味に発揮しているイノベーション力を、仕事の場でも発揮できるようサポートする必要がある。作業を楽にするための工夫は、ほとんどがイノベーションに値するといっていい。たとえば、料理にちょっとした変化をつける――その変化がイノベーションだったり、修正だったり、オリジナルからの拡張だったりする。だからといって個人のイノベーションが全て有益なわけではなく、自分には最も効果的でイノベーティブなアイデアが家族から拒絶されることもある。また、自宅で作る料理なら、さまざまなアイデアを試すことができるが、企業の革新や失敗はもっと高い代償を伴い、成否を分ける要因ははるかに複雑だ。しかし、正しい解決策を探すための実験プロセスは基本的に同じである。ガレージのなかでマイカーを整備するごく平凡な人になるか、パソコン業界に新たな分野を創りあげたスティーブ・ジョブズのような人になるかは、あなた次第だ。

長い歴史を持ち、成熟した業界でグローバルな競合企業と熾烈なシェア争いをしているような企業は、どのように従業員にリスクと挑戦のバランス感覚を植えつけるのか。新しいインサイトを得たときに、それをどのように、完璧に製造し、流通し、競合に先行できる適切な時間内に有効かつ実用的な解決策へと作り変えるのか。それだけではない。その解決策は投資に対するリターンを生み出し、企業の評価に貢献するような長期的な競争力を持たなくてはならないこともある。これは、ディー・カプールが二〇〇四年にフォードのF150の開発プログラムを開始したときに、まさに直面したことである。

フォードのモデルチェンジが意味するもの

フォードには、今日のピックアップ・トラック市場においてF150をマーケット・リーダーとして再認識させるためのイノベーティブな解決策が必要だった。F150は一九八二年に販売されて以来、約三〇〇〇万台売れたベストセラー車だ。二〇〇三年は八十五万台が売れた。フォードはほぼ七年ごとに、大きなモデルチェンジを行ってきた。F150は収益のかなりの比率を占めるほど大成功を収めてきたのに、なぜその成功品に手を加えたり、モデルチェンジをする必要があるのか？　その理由はたくさんある。

産業のスタイルが変わり、ある乗り物が時代遅れに見えはじめる。ライフスタイルのトレンドが変わり、機能や性能に関する顧客の期待が変化する。新しい技術が乗用車の標準となり、デザインに組みこまざるをえなくなる。製造技術が変わり、デザイン変更が必要になる。規制改正により、新しいエンジン技術や車両を軽量化する新素材を用いて、新しい燃料効率基準が求められる。そして、おそらく一九九〇年代において最も重要な変化は、仕事目的で使っていたトラックが、仕事と遊びの両方に使うものへと進化したことだろう。ＳＵＶのスタイリッシュ・カー化の傾向が、トラック市場にも拡張しはじめたのだ。

ＧＭのシボレーはより大胆なデザインで、トヨタは品質で、クライスラーはラムというトラックで力強さというテーマをぶつけてくるなど、フォードは追い上げられていた。日産がタイタンのように、面白さや性能面で勝るトラックを投入してくれば、フォードは市場シェアと収益の柱を失うことになる。そのため、フォードの商品開発チームは競争に勝つためにイノベーションに取り組まざるをえなかった。もし失敗すれば金のなる木を失うが、成功すればシェアを挽回し、新興のトラックの顧客セグメント（主に富裕層）を多数獲得できるだろう。難しいのは、「タフなフォード」というコンセプトを作り直し広げていくためのイノベーティブなアプローチを開発することだった。二〇〇四年のＦ１５０の発売で、その解決策が明らかになった。

フォードは五つの異なる市場セグメントごとにモデルを用意した。地理的特性、年齢、所得というお決まりのセグメンテーションの代わりに、Ｆ１５０がどのように使われているかを研究し、新たなセグメントを切り、シナリオを創った。Ｆ１５０の基本モデルであるＸＬは、農場や工事現場で使う仕事用の基本車種だった。ＳＴＸは標準仕様ではなく、もう少し特徴のあるものを好み、自分のトラックをカスタマイズする若者向けの車種。ＸＬＴは広々としたスーパークルーキャブのオプションつきで、フルサイズのバックドアが装備されたファミリー向けの車種だった。ＸＬＴはトラックの機能が全て装備されていると同時に、家族全員が乗ることもできるので、車が二台あるのに片方の仕事用トラックは子供の送り迎えに使えないといった妥協をしなくてもよくなった。

第1章で紹介したディー・カプールのチームは、これらの三つの伝統的なトラック市場以外にも、新たに二つの顧客セグメントを見出した。これらの顧客セグメントは、トラックは格好がよい、オフロードで走っているような気分になれる、安全性が高い、といった理由でトラックを購入していた。FX4は、人に自慢できる目立つトラックがほしい人向けの車だった。この車には、革製ハンドル、クローム加工の床敷きマットが装備され、内装は黒のレザーで他のモデルでは提供されていないオプションが用意されていた。その派手な外見は、トラックの力強さとスポーツカーのスタイルが結びついていた。五つめのモデルは、高級トラックのラリアットで、その内装は乗り物よりも居間のイメージに近づけていた。トラックだが、快適さの要素が備わっていて、体の大きな夫も小柄な妻もどちらも自分のトラックだと感じられるように、ペダルの重さを調整できるような配慮までされていた。

カプールは、F150のモデルチェンジの初期にリーダーを務めていた。エクスプローラがタイヤ問題でつまずいた結果、フォードの「品質第一」という評判に傷がついてしまっていたが、当時、カプールは目の前の課題をじっと見据えていた。それは、企業の収益の柱であるF150がナンバーワンの地位を維持するという課題だった。彼はフォードが直面していた深刻な対外的問題からチームを守り、イノベーションに関する検討会を実施した。彼はマーケティング・リサーチと分析からイノベーションを見出し、段階別に顧客セグメントをとらえる野心的なアプローチを支持した。イノベーションの成果は、外装と内装の美観や特徴的なデザインとして表れ、独特の新しい外観を生み出していた。カプールは品質と技術へのこだわりを維持しながら、新しいデザインの要求事項も満たすという難題に挑んだのだ。

顧客の願望に応えるという課題を見事にクリアしたフォードは、自身の期待さえも上回る結果を得た。フォードはＦＸ４やラリアットのようなプレミアム車種の売上はせいぜい四〇％程度だろうと考えていた。しかし、新型Ｆ１５０の発売後数カ月で、購入者の五七％が最もマージンの高いプレミアム車種を購入した。

フォードはさらに、これら五つのモデルの上に、ブランド広告塔として最も重要な特別モデルを作った。第1章で取りあげたＦ１５０のキングランチ・モデルは、サドルレザー製のシートを採用していた。見た目に同じシートは二つとなく、車のオーナーは鞍の手入れと同じようにレザーの手入れをする必要があった。年間二万台しか生産されなかったがプレミアム価格市場をつかみ、フォードのブランドエクイティは高まった。

また、ハーレー・ダビッドソンとの共同ブランド・モデルを、ピックアップのブランド・ポートフォリオの最高峰に位置づけて、認知度とブランドエクイティを高める方法もとった。ハーレーの伝説的人物、ウィリー・Ｇ・ダビッドソンとのコラボレーションでデザインされたハーレー・モデルのトラックは、ハーレーの有名なオートバイの外観と雰囲気を持っていた。

これら二つの特別モデルは、広範囲にわたる顧客リサーチに基づくインサイトの成果であり、イノベーション・プロセスの結果だった。イノベーション・プロセスのなかで、開発担当者は顧客の現実をよく知るようになり、彼らの夢をトラックの形にデザインすることができたのだ。

ベンチャー企業のイノベーション

ペンシルベニア州ピッツバーグ、二世紀前の有名な歴史的建造物であるスミスフィールド・ストリート・ブリッジのふもとのリフォームされたオフィスビルの十二階に、イノベーションの概念を集約させたような、起業家精神あふれるハイテク・ベンチャー企業、ボディメディアのオフィスがある。低コスト素材を使った斬新なオフィスはいくつもの賞をとった。同社のフラットな組織を特徴づける開放的な景観で、天井から下がっている白いストレッチ素材の布が人目をひく。布は建物を覆っているが、全てを覆い隠しているわけではない。空調機が作動するとその布は大きな帆のように広がり、帆船に乗っているような気分になって、眼下に広がる川での船遊びをイメージさせる。同社の雰囲気は創造的だが余計なものがなく、それがうまく調和して、さまざまな分野の若い従業員たちに刺激を与え続けている。窓からの風景は、アレゲーニー川とモノンガヒラ川が合流してオハイオ川に注ぐ地点の全景が見える。ピッツバーグの改革の舞台となった川は、かつて汚染され、石炭やスラグ★1の貨物船であふれていたが、今は観光やレジャーボートの中心地になっている。

★1 鉄鋼を製造する際に発生する副産物で、高炉スラグや製鋼スラグなどがある。

オープンスペースは、机、コンピュータ、実験室、試作スタジオで埋められている。そこでは、最先端のエレクトロニクスから、身につける商品のコンセプトまで何でも造ることができ、ファッション・デザインや製造に使うプロ用ミシンまで置いてある。いたるところに掲示板があり、チャート、最新の素材技術、日々の生活に関わるあらゆる種類の人々のイメージなどで埋め尽くされている。ロビーには、砂の入った箱の上にガラス板を重ねたテーブルが置かれている。これは、ボディメディアの前身であるサンドボックス・アドバンスト・ディベロップメントの名残りである。

同社には、ボディ・センシング、装着用装置の人間工学、分析とモニタリング・データのマイニング、最新の美的感覚に関する世界の第一人者がいる。小規模だが成長中のバイオテクノロジー会社であるボディメディアは一九九九年に、「継続的なボディ・モニタリングを通して健康状態を見守り、健康を促進する総合商品や総合サービスの分野で、一目置かれるリーダーになる」というミッションのもと、四人の人物によって創業された。

ＣＥＯのアストロ・テラーは、エドワード・テラーとジェラルド・ディブルーの孫という立派な血筋を引く人物だった。エドワード・テラーは水素爆弾の父で、六人の合衆国大統領の顧問を務めた。ディブルーは、ノーベル経済学賞を受賞している。アストロ・テラーは、コンピュータ・サイエンスで博士号を持ち、肩の下まで髪を伸ばし、あごひげや口ひげを生やしていたせいで、経営者というよりもロックスターのように見える。

創業メンバーでＣＴＯ（最高技術責任者）のイヴォ・スティヴォリックは、工学の学位を持っていない。商品デザインと機械開発担当バイスプレジデントのクリス・カサバックも同様だ。四人めの創業メンバーで、インタラクション・デザインおよびマーケティング・コミュニケーション担当バイスプレジデントのクリス・パショーンも、マーケティングの学位を持っていない。この四人のチームが現在、ボディヘルス・モニタリングで最も先進的で面白い技術を持つ企業の一つを率いている。

ボディメディアの商品であるアームバンド式ボディ・モニターのセンスウエアは、国内で数々の賞を受賞し、ウォールストリート・ジャーナル誌、タイム誌、ビジネスウィーク誌をはじめとする雑誌で特集が組まれた。ベンチャー企業をとりまく環境が逆風にさらされていたなか、同社は従業員数三十一人に成長し、ベンチャー・ファンドを二二〇〇万ドル獲得し、創業から五年で高収益企業となった。また、米国内や海外で自社のコア技術に関して三つの重要な特許を保有し、出願中の特許は五十件以上にのぼる。さらに、臨床体重管理でロッシュ・ダイアグノスティクスとのパートナーシップを組んだり、アプックス・フィットネスの減量プログラムの一部として、あるいは重要な調査市場に小売業者を通じて、商品を間接的に販売もしている。

四人の創業メンバーは新しいタイプのイノベーターを特によく体現している。イノベーティブなチームとして、彼らは市場機会に対して最先端の解決策を提供できるようなワーク・スタイルを確立してきた。それは、従業員と顧客、リサーチと開発アプローチ、発見と応用で常に先行するような文化的な相互作用をうまく組みこんだワーク・スタイルだ。たとえば、センス

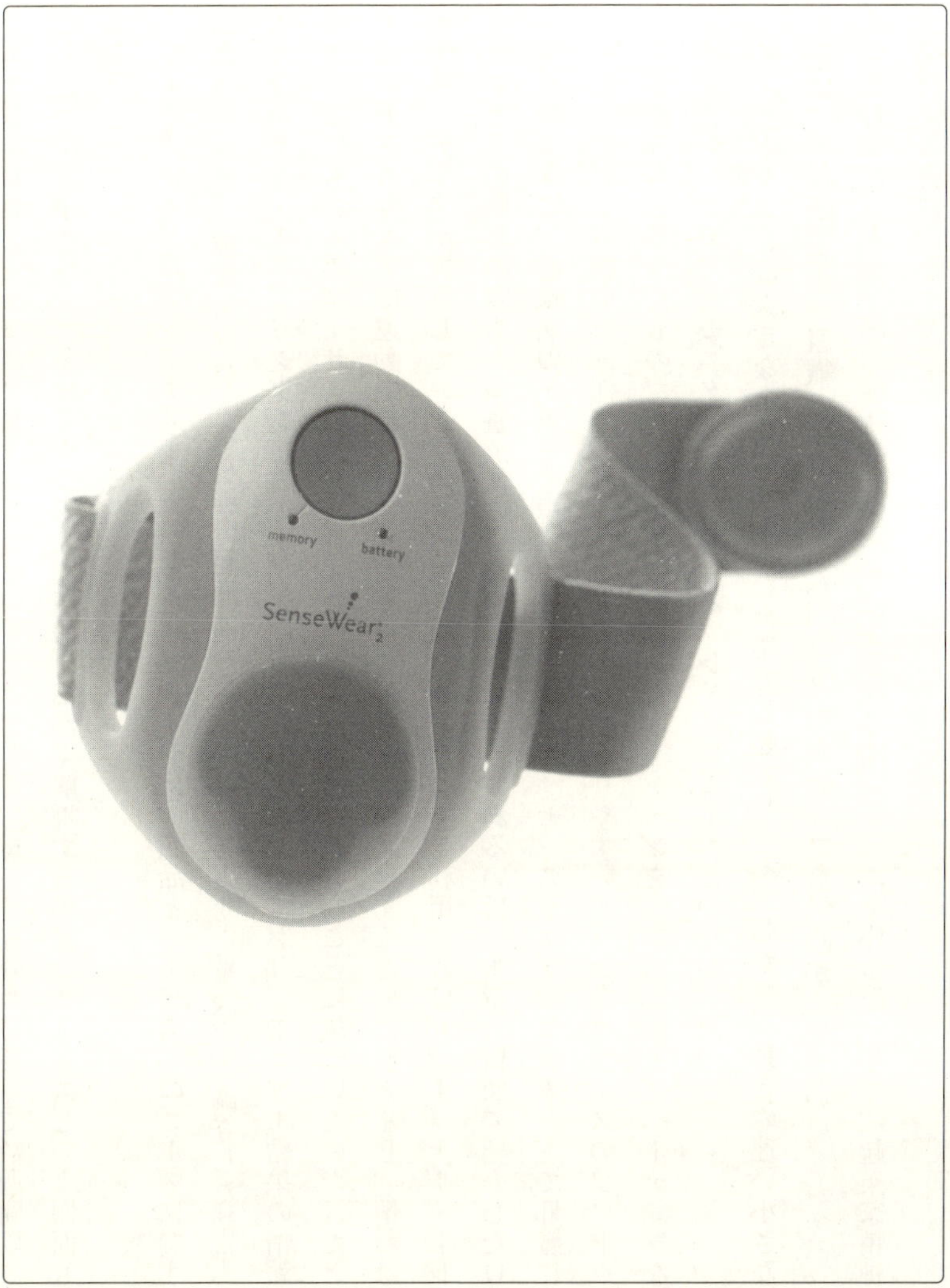

センスウエア（写真提供：BodyMedia, Inc.）

ウエアはエレガントなモニタリング装置というだけでなく、短くて五分間、長くて数週間以上にわたって蓄積された、多様でかつ膨大な情報を細かく解析する複雑なサービスという側面もある。

ボディメディアのブレイクスルーとなったインサイトは、商品とサービスへのニーズに関するものだった。創業メンバーたちは広範囲にわたるエンドユーザーを観察し調査した結果、人々はボディ・モニタリングを毎日の生活に組み入れたいと望んでおり、モニター結果の情報は専門家にも素人のユーザーにもさまざまな使い方が可能だということに気づいたのだ。たとえば、センスウエアは運動中に燃焼させたカロリーを正確に記録するために使えるし、情報はボディメディアが提供しているウェブベースのソフトウエアを利用すれば、パーソナル・トレーナーとその顧客の双方が減量療法の成果を確認できる。あるいは、本章の冒頭で紹介したロバートのように、心臓病の兆候を監視することもできる。センスウエアはエレガントで邪魔にならない装置と、簡単な操作でダウンロードできる分かりやすいインターフェースのソフトウエアが組み合わさったものだが、この絶妙なコンビネーションを編み出したイノベーティブなアイデアが、ボディ・モニタリングにおけるブレイクスルーへとつながった。

イノベーションは大きな企業でも小さな企業でも起こりうる。しかし、動きの速い小さな企業は、官僚的風土や組織の硬直がない分、イノベーティブな活動がしやすい場合が多い。大企業もまた少人数で部門横断的メンバーによる商品開発チームを作るなどして、起業家精神を発揮する方法をとってきた。

しかし、新世代のベンチャー企業は、イノベーションや変化が全てである。ボディメディアは今ある技術を適用できるものを探した結果として、センスウエアを開発したのではなく、社会のトレンドを観察する術を学んだのだ。彼らは努力を続けて、煩わしい思いをせずにリアルタイムで体調をモニターすることへの願望やニーズがあることを理解した。彼らは幅広い経験と、人間工学やコンピュータに関する専門知識を持っていたからこそ、こうした機会を見出すことができたのである。

ボディメディアの四人の創業メンバーは、カーネギーメロン大学でこれらの分野の専門知識を身につけた。彼らは、工学部の研究所からスピンオフしてチームを作った。チームは、持ち運びや装着が可能な高機能コンピュータの開発に研究テーマを絞った。他の多くの研究所では技術的な観点だけで研究の範囲を決めていたが、彼らは産業デザイン学部を卒業したばかりの研究アシスタントを雇っていた。カサバックとスティヴォリックのチームは、美しい形状やインターフェース、人間工学、技術先行ではなく市場が好む美観など、商品の存在意義も含め、より包括的な試作品を作りはじめた。その結果、市販品のような外見と操作性を持った試作品ができた。彼らは軍隊で装着検査をするためにウエアラブル技術をデザインしているとき、装置を使う兵士の大半が十八~二十四歳でゲームボーイ好きだということを考慮に入れていた。この製品がインテルのリサーチャーの目に留まり、ユーザビリティや軽量化の概念を新しい分野に応用するように依頼された。このプロジェクトにはチーム全体が一丸となって取り組み、コンピュータ・サイエンスの側面はテラーが、コミュニケーションやインターフェースについてはパショーンがアイデアを提供した。彼らは新たに、産業デザインの研究アシスタントであるフランシーン・ジェンパールとデビッド・アリベルチをチームに加えた。

大学時代の最初の試作品企画は「ディジタル・インク」と名づけた。これは、自分のペンがそのままコンピュータになるという発想だった。ペンは誰もが持ち歩き使っているものであり、そうした日常の道具であれば、誰もがすぐに「コンピューティング」に親しめる。発想はまるで空想のようなものだったが、彼らにはそれが実現可能だと判断するだけの技術的知識があった。また、技術をイノベーティブに統合して商品化すれば、誰もが喜んで受け入れ、いずれは特許もとれると考えた。商品の企画作りが成功したことで、コアチームは大学を離れ、コンサルティング会社、サンドボックス・アドバンスト・ディベロップメントを創った。その目的は、コンサルティング活動で十分なお金を稼ぎ、独自の商品を開発するための新会社を起こすことにあった。一年も経たぬうちに、彼らは着々と事を進め、今では本物のサンドボックス（砂箱）をロビーに置くようになった。これは、自分たちの原点や自由な志を忘れないようにするためだという。

大小を問わず企業には、こうした専門知識の裏づけが必要だ。しかし、イノベーションはインサイトの繰り返しとそのプロセスから生まれる。ボディメディアはイノベーションを探求するプロセスを厳格に守った。だからこそ、ボディ・モニタリングという成長市場で独自のケイパビリティを発揮することができたのだ。

センスウエアは簡単に快適に装着でき、身につける位置も選択できる。人間工学と機能のバランスがとれた商品だ。医療機器らしからぬスタイルなので、隠さずに堂々と身につけることができる。また、燃焼カロリー、運動時間、歩行数、実際のエネルギー消費、睡眠時間などの身体のデータを分析する同商品のシステムは数々の特許を獲得している。技術の提供ばかりで使用感にはほとんど配慮がなかった市場で、センスウエアは、その機能、人間工学、美的感覚、そして使用感全体における品質の高さでボディ・モニタリングの定義を一新させた。

コモディティからの脱却

自社の商品やサービスを差別化したい、コモディティになることは避けたいと思っている企業は、イノベーションに取り組まなくてはならない。イノベーションは競争優位の鍵である。かつて優位性は品質を追求することで見つかるものだった。しかし今日、世界中の企業でイノベーションが品質向上に代わるテーマとなっている。これは品質追求の重要性が低くなったという意味ではなく、品質はもはや競争優位につながらないということだ。シックスシグマのような品質プログラムは、ゼロデフェクトで製品を生産することが重視され、長期的、短期的にハードの品質やサービスの改善を目指している。これにより、高品質の製品が製造できるようになり、製品の耐久性や機能や効果を維持できるようになった。品質への取り組みによって新たな標準が作られ、プロセスや製品が大幅に改善された。今や全ての企業が品質面で何らかの優位性を謳っている。

しかし今では、品質追求は事業運営上のコストになりつつある。経営者は最終利益を増やす他の手段を見つける必要性を認識してきた。企業の最近の取り組みは、そのほとんどがコスト削減へと向かっている。ウォルマートの成功により、多くの企業は収益を高める手段としてコスト低減を考えるようになった。ビジネスリーダーたちはサプライチェーンを改善してコスト削減をはかるウォルマートのやり方に魅力を感じてきた。ウォルマートは継続的な在庫補充プログラム、ベンダーによる在庫管理、コストダウンのモニタリング・システムで先行している。品質プログラムと同様に、これらのビジネス・プロセスの向上は、すぐにあらゆる業界でオペレーションの標準となった。しかし、これらのシステムから得られた効率性によって、より多くのものを低価格で消費者に提供した結果、売上が減少し、最終利益はさらに小さくなるという状況に陥っている。

イノベーションにはコモディティ化は起こりえない。イノベーティブな商品は、他にはないベネフィットを提供し、差別化へと導く。イノベーションのプロセスは、競合が真似しても枯れることのない若さの泉、収益の源泉となる。イノベーティブな解決策は、それぞれ差別化された市場と独自の収益源を生み出すのである。

有機的成長をめざす

企業は、競争の激しい市場で成長し存続するための主要な源泉がイノベーションに戻っているだけでなく、最大の成長の可能性は自分たちがすでに持っているスキル、つまり、有機的成長（オーガニック・グロース）という内部からの成長にあることを認識している。

成長するためには、買収という方法もある。賢明な買収は紛れもなく有効で、重要な成長戦略である。しかし、買収には二つの落とし穴がある。

一つめは、企業のエネルギーと軸足が境界線を越え、既存のナレッジ、スキル、顧客インサイト、顧客ロイヤルティ、ブランド・アイデンティティがぼやけてしまうことだ。社外に関心が向いていると、経営陣の時間配分や予算配分の点で自力成長の可能性が見落とされたり無視されたりしかねない。

二つめの落とし穴は、自分たちのイノベーションの可能性を過小評価することで、外部の企業にイノベーションを託してしまう可能性があることだ。これは、一つめの落とし穴と似ているが、まったく同じというわけではない。外部の視点は新鮮で価値のあるインサイトを加えてくれるが、自分たちの顧客、ブランド・アイデンティティ、自らのコアコンピタンスを最もよく知っているのは社内の人間だ。

フォルクスワーゲンの新型ビートルは、同社の歴史を表すだけでなく、ブランドイメージ全体を現代的に改め、同社の現代文化とのつながりをよみがえらせる役割を果たした。自社がすでに保有しているイノベーション、ナレッジ、専門知識、スキルに根ざした有機的成長は、買収による成長やバランスシート上のみの束の間の成長とは異なり、自社の潜在的な可能性を無視せずに活かしたものだ。有機的成長とは、イノベーションや新しい顧客・市場を通して成長することである。

しかし、コモディティ志向の企業は、イノベーションを組織化することも、支援する雰囲気もないので、多くのイノベーティブなアイデアは日の目を見ずに終わる。市場投入までの時間短縮のプレッシャーにさらされるが故に、市場調査を徹底せずに高品質の商品を精密に生産しても、顧客にとって魅力的な商品でなければ失敗に終わる。失敗を避けるために多くの企業は、商品デザインの途中途中でプロセスを厳格に守っている。

手本となる有名な例が、ロバート・G・クーパーのステージゲート・プロセスだ。[★1] これは市場投入の適切なプロセスを体系化したもので、目標スケジュールと予算どおりに進んでいるかの確認方法に沿って、チェックリストが作られる。この種のプロセスは、企業が正確さを保つ上では役立つ。しかし、商品開発の初期段階で正しい意思決定と有効なインサイトを持てなかった場合、その後のプロセスは商品の可能性に対する間違った捉え方を正すことはない。このプロセスでは、生産はできても市場の期待に応えられる商品を生み出すことはできないだろう。

我々は品質重視の商品開発プロセスや精密な商品に異を唱えているわけではない。それどころか、どちらも商品の成功において重要だと思っている。しかし、優良企業も平凡な企業も皆こうしたプロセスに取り組んでいる。抜きん出た価値を提供するには、それだけでは足りない。イノベーションのプロセスが必要なのである。

企業は、イノベーションや有機的成長に対する文化やマインドセットを育てなくてはなら

★1 Cooper, R. G.
Winning at New Products: Accelerating the Process from Idea to Launch.
Perseus Publishing, Cambridge, 2001.

ない。ボディメディアのような新しい企業は、そういった姿勢から生まれる。自分たちがやろうとしていることを信じているから、そこにいるのだ。彼らはチャレンジを生きがいとし、縄張り争いや摩擦なしに力を結集させて仕事をする。大企業は軌道修正する必要がある。創造的で精力的な人々を選び出し、自由にイノベーションに取り組む環境を与えるべきだ。彼らが成功すれば、他の人々を前に引っ張っていくスピード感が生まれる。

企業文化やマインドセットは、成功するイノベーションの重要な基盤となるが、難しいのは、本当にイノベーティブな商品を見抜き、開発する方法を作り出すことだ。一部の発明やイノベーションは偶然の産物だとしても、一般的にイノベーションは統制のとれた活動の結果である。イノベーションと有機的成長の「ある局面」では、新商品やサービスの開発とマーケティングで統一された戦略が必要だ。たとえば、「ターゲット市場のニーズ、ウォンツ、願望をリサーチする場合」「顧客は誰か、その商品がどのようにエンドユーザーや間接的なユーザーに影響を与えるかを理解する場合」「社会的なトレンドを理解する場合」などだ。また、「マネジメントから商品開発チームにいたる足並みのそろった豊富な人材」「イノベーションを奨励し支援する企業文化」「知的財産の管理と保護の方法の徹底」なども必要だ。最後に、イノベーションを効果的かつ効率的に実現するためには、これらの個別のテーマが包括的にプロセスのなかに統合されなければならない。これらの要素はいずれも、今日の最もイノベーティブな企業の商品開発プロセスを代表するものである。

アジア企業の台頭

商品とサービスの開発において、三つの大きな変化が起こっている。一つめは、世界の生産と消費のバランス。二つめは、商品やサービスの着想・開発・提供の方法。三つめは、世界中の消費者の認知と期待だ。

中国やインドなど、発展途上だが多くの人口を抱える地域が購買力を獲得するにつれ、消費の中心地は米国から、これらの巨大消費地域に移りつつある。これらの国々の経済は、消費量で貪欲さを増しているだけではない。生活が豊かになったことで自由や幸福を追求するようになり、消費者の認識や期待も向上している。

同時に、これらの国々は単なる製造能力以上の新しい生産スキルを身につけている。米国は確かに依然として重要なグローバル市場で、イノベーションの源泉だ。ＥＵも一つの統一体として進化しており、国や企業が相互に繋がった市場を発展させ、より効率的に競争し、境界線をなくしつつある。ロシアはいまだに疑問符がつくが、その天然資源や人口の点で多大な可能性を秘めており、旧ソビエト連邦の残りの国々もグローバル経済の表舞台に登場しつつある。中国、インド、アフリカの数カ国の新興市場は、商品やサービスの生産や消費において新しい成長分野となっている。

中国は今や大きな変化を遂げ、その変化は自国企業と世界中の競争にも影響を与えている。

中国は、ＷＴＯ（世界貿易機関）の一員になるためには供給生産者以上の存在になる必要があることを悟った。年間三十万人のエンジニアを輩出し、産業デザインにも巨額の国費を投じ、二〇一〇年までに産業デザインの学校を五〇〇校作る予定である。中国はその新興の消費市場において、ビジネス、エンジニアリング、デザインの主要拠点になりつつあり、グローバル市場でも競争力を増している。ドイツや米国など、かつての技術大国に対し、すでに新商品の開発で優位に立ちはじめている。最初に日本が、その後、台湾や韓国が辿ったのと同じ発展の道を進もうとしているのだ。十年も経たぬうちに、今は名前さえも知らない中国企業の車が買いたくなるかもしれない。中国の家電メーカーのハイアールは、米国市場ですでに冷蔵庫やテレビモニターで互角の競争をしている。

ほんの十年前には中国にビジネス・スクールは存在せず、中国のエンジニアリングは、ロシアの機械と電機のデザイン方法論がベースとなっていた。デザインの学校といえば、職人養成校か、ロシアや東欧モデルのデザイン教育と実技を教える学校しかなかった。しかし今日、我々は世界最大の国が史上最速で近代化を遂げる様子を目撃している。忘れてはいけないのは、中国はもともとそういう地位にあったということだ。二千年前、中国はヨーロッパの先を歩き、米国などはるか足元にも及ばなかった。コンパス、紙、印刷、火薬を発明したのは中国だ。元の地位に返り咲いても何ら不思議はない。

中国がイノベーションを武器にグローバル競争を目指し、インドもすぐあとを追っているとすれば、他の国は後戻りしている場合ではない。フィンランドは「フィノベーション」という洒落た名前のプログラムを実施して、デザインやイノベーションに巨額の経営資源を投じている。ノキアの初期の成功を活かし、フィンランドはナレッジやイノベーションで優れた国になろうとしている。ポーランドでさえ、自国のブランド再デザインに取り組んでいる。労働と闘争の国というイメージを払拭し、観光産業を改善して新たな顔を作ろうとしている。

今日、世界中の国家から企業にいたるまで、持続的なイノベーションと、それを実現する方法論に取り組む上で中心となるブランド戦略を見出すことが重要となっている。その戦略は、有機的成長を促進する際のガイドとなり、社会（Social）、経済（Economic）、技術（Technological）というSET要因が変化を続けるのに伴って消費者ニーズを進化させ、新商品やサービスの機会を作り出すものでなくてはならない。

生産力がシフトするだけでなく、新たに商品や情報が提供しやすくなったことにより、経済的な境界線が薄れつつある。今では商品やサービスの開発はどこでも誰でもできるし、あらゆる場所に出荷することが可能だ。まもなく、GMは米国よりも中国で、より多くのビューイックを売ることになりそうだ。中国のハイアールはサウス・カロライナに生産と物流センターを設置し、多くの白物家電で競争を展開している。サムスンは何十年も低コスト戦略を選択したのち、最近では、デザインやイノベーションにおいてグローバルな競争相手となった。同社の主要な競合は、米国のモトローラではなく、フィンランドのノキアだ。

情報やエンタテインメントを我々の家庭に提供するメディアの経路も、ますますグローバルになりつつある。地理的な場所よりも興味やテーマに沿って市場が形成されている。ファンタジーが世界中に発信されるにつれ、誰もがファッション、車、室内のインテリア、ライフスタイルについて自分なりの理想像を持つようになった。ハリー・ポッターやマイケル・ジョーダンは地理的な制約を超越した。北京の紫禁城にはエアコンの完備されたスターバックスがあり、エッフェル塔はパリにもラスベガスにもある。

イノベーティブでエンパワーされた個人と、グローバルな商取引の相互作用はいまだかつてないほど重要性を増している。新興経済は脅威ではなく、限りないチャンスの源泉となる。彼らが口をそろえて指摘するのは、二つのビジネス戦略の方向性だ。企業は最も安く商品を提供するか、イノベーティブになるか、いずれかを選べる。本書は後者について論じている。なぜなら、あらゆる市場で最も安く商品を提供できるのは一社だけで、低コストの提供者になるための競争は熾烈だからである。価格競争で誰もが敗者になる「ルーズ・ルーズ」の経済性と違って、イノベーションは、商品を差別化することで企業間の競争を減らし、企業は価格を上げることができる。また、顧客も、より大きな価値を提供されて喜ぶという「ウィン・ウィン」の関係が成り立つ。企業が自社のコア・バリューやケイパビリティを定義すれば、企業と顧客を結びつける独自のブランド・アイデンティティが確立される。価格のはしごを競いながら登っていくことで、人々も企業も豊かになる。それは、「人々は価値を感じる商品にお金を払う」ということをよく表している。SET要因が変化し続けるかぎり、最も効果的に市場のトレンドを読むことのできる企業が勝つだろう。

イノベーションの波に乗る

イノベーションを重視する市場がなくなることはない。それは常に存在するが、そのルールは、マス向けの予測可能な消費市場ほど明確ではない。参加型で、実践を通して学習する世界なのだ。この新しい環境で成功している人々は、よく働くが、楽しんでもいる。現在の世界を、越えられないハードルではなく、チャンスととらえている。彼らは失敗の恐怖を克服し、新しいタイプのイノベーターになった。それぞれが、実用的なイノベーションのプロセスを習得してきたのである。

3 イノベーションをデザインする

イノベーションは、創造性豊かな個人の偶然のひらめきによるものだろうか。そういう考え方は広まっているが、真にイノベーティブな企業は、しっかりとしたリサーチやプロセスを踏むことでイノベーションを実現している。もちろん、創造への取り組みは、機械の作業手順のように明瞭なものではない。しかし、それはリスクと向き合う不安を理性的に受け止め、失敗に耐えようとする人なら、誰でも身につけ活用することができるプロセスだ。

フランスのヴィルヌーヴ・ダスク市。アディダス・ワンのシューズを新しく買ったばかりのイザベルは、デモグラフィックの調査では、明らかに潜在顧客の対象ではなかった。彼女は運動のために走ってはいたが、競技イベントには参加したことがなかった。

デモグラフィックで見れば、イザベルは、学歴のある四十代の平均的な既婚女性のグループに入るだろう。彼女はフランスで二番めに人口が多い都市、リールの郊外に住んでいる。イザベルの家は小さな食料品店の隣にあり、その店にはフランス人好みの生鮮食品が売られている。

住んでいる地域だけでなく、家計の収入、信仰、政治的見解などでも、彼女はきわめて標準的だ。共働きの収入も平均的で、贅沢はできないが快適な生活を送るだけのゆとりがある。ほとんどの人と同じく、彼女は支出に気をつけ、注意深く購入商品を選んでいた。

この典型的なフランス人女性の例外的な部分は、まさに商品の選択にあった。長年、彼女は大きなファミリーカー、ドッジ・グランド・キャラバンに乗っていたが、これはフランスでは珍しい選択だったし、今乗っているのはPTクルーザーだ。

二人の子供が成長したので、前よりも小ぶりだが室内空間が広いこの車は、家族のニーズを満たしていた。二台とも、機能面を考えて購入したが、他の家族との違いが際立つことも購入理由の一つだった。購入時に期待で胸が高鳴ったのは、それがフランスで最先端の車だったからだ。

つまり、イザベルのデモグラフィックのプロフィールに欠けていたのは、彼女が新商品を好むアーリー・アドプターだったことだ。彼女は、その地域で真っ先にDVDプレイヤーやビデオディスク・プレイヤーを買った少数派だった。

アディダス・ワンを買うとき、ジョギング後に足が痛むようになった自分に必要だからと言い聞かせたが、機能的な中敷クッションの快適さより、シューズそのものに魅せられていた。なぜなら、アディダス・ワンは、注目を集めている新世代商品だったからだ。

アディダス・ワンの挑戦

スポーツ・アパレルメーカーは、顧客獲得競争に熱心だ。実際、彼らの行動は、最も熱心なユーザーであるハードコア・ランナーの行動に似ている。真剣なランナーの多くは、日課やトレーニングの内容、食生活、トレーニング用品をほとんど変えない。一度うまくいくやり方を見つけたら、こだわり続けるのだ。それが彼らの慣習となり情熱となる。何年も同じブランドの同じモデルを買い続け、そのモデルが廃止になろうものなら腹を立てる。一方で、常に最先端、ほんの少しでも最新のものを求めるランナーもいる。彼らはコンマ一秒でも速くなるなら、どんな変更でも試したいと思っているのだ。

アディダス、ニューバランス、ナイキのような企業でも同じことがいえる。いずれもハードコア・ユーザーが使うシューズやウエアのメーカーだが、これらの企業は同時に両タイプのランナーに行動が似ている。いずれの企業も、技術と顧客ロイヤルティの高さという強みを持っており、この点ではもちろん変化は望まない。だが一方で、彼らは競合よりも少しでも前に出ようと競い合い、市場シェアを少しでも奪えるイノベーションを模索している。これまで、各社が取り組んできたイノベーションは互いに似かよっているため、近ごろはどの企業も競合商品との大きな違いを出せずにいる。皆が先を争い、疲弊するどころかスピードを上げている。どこに向かっているのかは定かでないが、とにかく前を向いて走っている。

現在、アディダスには画期的な商品が存在する。ほんの少し改良しただけでなく、競争で実質的にトップに躍り出ることを約束する商品、それがアディダス・ワンだ。[★1]

フットウエア産業における夢で、あらゆるシューズメーカーが達成したい願望の一つをアディダス・ワンは成しとげた。一人一人の足は、サイズが違うだけでなく、クッションのニーズも異なっている。調整可能なクッションは、長年のあいだ業界で話し合われてきたが、アディダスが提案した解決策は大半の人が想像していたものより、はるかに優れていた。もっと重要なのは、それが新世代商品の第一弾で、新分野の調査とイノベーションの最初の成果だったことだ。

アディダス・ワンは、米国オレゴン州ポートランド市にある子会社の本部で極秘に開発された。同商品は二十メガヘルツのコンピュータがアーチ部分に埋めこまれ、踵《かかと》のクッション内のセンサーと結ばれている「インテリジェント・シューズ」だ。コンピュータが毎秒二万の情報を集め、常に足底にかかる衝撃を測定している。小さなネジとケーブルのシステムを締めたり緩めたりして、ランナーの足のサイズやストライドだけでなく、実際のスピードと、コンクリートや芝生など地面の状態に合わせてクッションを最適化させる。地面が固すぎるときにはクッションを効かせる。シューズは一歩進むごとに自動調整するが、ストライドの合間に全ての切り替えが起こるので、ランナーは何も感じず、電池も長持ちする。

ステファン・ピアポイントは、ドイツのアディダス・ワンのマーケティングのリーダーだ。母国イギリ消費者主義の申し子として育った彼は、小さなころからブランド志向が強かった。

★1 adidas
http://www.adidas.com/

スのシェフィールド大学でビジネスを学び、主にマーケティングを専攻。同大学が幅広い科目を提供しているのを利用して、ビジネスの知識を広げるだけでなく、マーケティングの心理学的側面への興味も満たした。特に広告のクリエイティブが好きだった。また、学生時代を通じてスポーツに興味を持っていたので、アディダスでのマーケティングの仕事は子供のころからの夢だった。

二〇〇四年の秋、ピアポイントは翌年三月のアディダス・ワンの発売に備えて、プランニングの最中だった。特に、アディダス・ワンの発売は、一商品としてのインパクトを超えて、世界中のアディダス・ブランド全体に影響を与えるため、計画すべきことはたくさんあった。だが、全ての商品の発売において中心となるのは、ターゲット顧客の特定だ。

アディダス・ワンについて、ピアポイントは二つの幅広い消費者セグメントをあげた。一つめのセグメントは、単純に店舗に出向いて商品を購入する人々。つまりアーリー・アドプターで、最先端をいく新技術を探しているランナーだ。アディダスは、彼らがシューズの履き心地に十分に満足し、旧式のランニングシューズに戻らなくなることを確認したかった。そこで、新商品の流通に細心の注意を払い、単にどの国で発売するかではなく、どの国のどの店にどのくらい納品するのかを決めた。まさにこの商品を手にとる人々の前に、確実に置かれるようにしたかった。そこから、全てが始まるからだ。

もう一つのセグメントはブランド情報通で、商品そのもののメッセージに影響される人々だ。アディダス・ワンは、アディダス・ブランド全体のステイタスを変える力を秘めていた。

この商品は、アディダスをスポーツ・アパレル産業におけるイノベーションの最前線へと押し出すことになる。多くの場合、マーケティング担当者は、さほど目新しくもない商品をできるかぎり新しく楽しい商品にすることに頭を悩ませる。しかし、アディダス・ワンの真の偉大さに応えるマーケティングを展開するという課題は、さらに難しいものだった。

この新しいシューズを普及させる上で、一つの論点は、いかに小売業者に訴求するかだった。革新的なシューズなので、普通のパッケージでは、中身の違いを表現できない。そこで、シューズ用のユーザー・マニュアルを作るという前代未聞の方法を断行した。

かつて、パソコンのマニュアルがどれだけひどいものだったか、覚えているだろうか。付属のマニュアルでさえ企業全体のイメージを大きく左右することを知っていたアディダスは、シューズのデザインと同じくらい慎重にマニュアルを作成した。商品発売の六カ月以上も前にパブリシティを出した理由の一つは、アイデアの公開を機に、すでに商品のことを知っているフォーカス・グループの人々が、チャットルームやウェブサイトにコメントを書きこむかもしれないからだった。ピアポイントは、消費者がどんな言葉で商品を評し、どんな不安を抱くのかを把握したかった。そうすれば、その点について予め適切な説明を用意できる。顧客が情報にどう反応するかは、チームにとって、商品の市場投入をスムーズに進めるためのテストとなった。

最終的にピアポイントは、アディダス・ワンや他のシューズも含め、それを超えたマーケティングプランを用意した。それは、アディダスがどのように戦略的に商品を進化させ拡張していくかという青写真を示す、次の段階を考慮に入れたプランニングだった。

全てはインサイトから始まる

商品開発の初期段階において、マーケティングはどのような意味を持つのだろうか。アディダスが編成したイノベーション・チームには当初、マーケティングの専門家は直接関わってはいなかった。彼らは商品開発前の戦略的な方向性の設定と、商品開発後の市場投入に関わるのみで、チームはエンジニアやデザイナーで構成される小さなものだった。彼らの成果の多くは日の目を見なかったが、いつでも活用できるように、イノベーション・チームはマーケティング・チームと統合された。こうした統合は、さほど難しくはない。なぜなら、両者はいずれも、個々のアスリートにどう変化をもたらすか、どうすればイノベーティブに訴求できるかを考えているからだ。このように、最初からマーケティング担当者をイノベーション・チームに含めることにはメリットがある。

もっとも、自分にイノベーションや商品開発のスキルが必要だと自覚すらしていないマーケティング担当者も多い。彼らはMBAで問題解決に関して高度な訓練を受け、さまざまな解決策や戦略の波及効果についてもよく理解している。しかし、**商品開発の初期段階での課題は、問題解決ではなく問題の特定であり、機会を発見し理解することだ。**ビジネススクールではケーススタディを用いた授業が行われるが、学生はケースの分析は教わってもケースを書くことは学ばない。しかし、商品開発の初期段階の仕事は、ケース分析よりもケースを書くことに似ている。

もっとも近年のビジネス教育では、ケースのなかで事実と問題を整然と記述せず、学生を漠然とした状況と格闘させ、商品開発の最前線の曖昧な状況で必要とされるスキルを学ばせようという考え方が増加しつつある。とはいえ、問題の特定について訓練を受けていないマーケティングのMBA生でも、商品開発の初期段階に役立つスキルを持っている。それは、市場機会を特定する方法だ。

マーケティング担当者は、人々について調査し、彼らの商品購入の理由について考える訓練を積んでいる。彼らは顧客セグメントを特定する方法や、それを分析する定量的手法を学び、広告の到達度、ブランド認知、プロモーションへの反応などの測定方法を開発してきた。こうしたスキルは商品機会の特定に際して役に立つ。あとは、問題を別の角度から捉え、不確実性や情報不足に慣れることを学べばよい。なぜなら、商品開発の初期段階では、確かな事実など得られず、インサイトに基づいて意思決定しなければならないからだ。

また、マーケティングは顧客理解を深めるだけでなく、ビジネス上のニーズにも目を光らせることにより、商品とブランド、商品と企業戦略との整合性を図る上で役に立つ。顧客を、コストとベネフィットの比較考量により意思決定する経済主体として捉えることは、イノベーション・チームに経済性の観点を加えることにもなるだろう。エンジニアはニーズの有無にかかわらず何が可能かという点を熱心に考え、産業デザイナーは商品の美観や、使いやすく、使う楽しさが味わえる特徴を創り出したりする。これら全ての観点が機能横断的に相乗効果を発揮することで、有効で刺激的なソリューションが生まれるのだ。

曖昧さを受け入れる

商品開発の初期段階では、多くの選択を迫られる。たとえば、アディダスの商品開発チームは、男女別のシューズにするか、ユニセックスのシューズにするか、選択しなくてはならなかった。一見すると、これらの選択は徹頭徹尾、論理的で分析的な活動のように思われるが、実際はどうだろうか。

アディダス・ワンでは、体重や地面の状態、走る速度によって踵《かかと》が受ける衝撃をセンサーが感知するが、デザインチームはプーマが一九八〇年後半に考えたように、歩数計やカロリー計を組みこむこともできたはずだ。では、歩数計をモデルに組みこめば、売上は伸びるのか、減るのか、それとも関係ないのか。答えはテストしてみないとわからない。

また、現在のモデルはパソコンと接続できないが、パソコンに情報をダウンロードするための端末をシューズ内のコンピュータにつけることが可能かもしれない。あるいは、ＰＤＡにデータを送る無線送信機を組みこめるかもしれない。ではその場合、売上はアップするだろうか。また、デザインチームは、透明なプラスチックパネルにして回路を見せることを選択したが、それはコストにどう影響するだろうか。さらにいえば、最初のハイテク・シューズが、ランニング用でよかったのか。同社が長く支配し、専門性の点でもコア分野であるサッカーをターゲットにしてもよかったはずだ……。このように、可能性は無限にある。

どの特徴を組みこめば、ベストなコンビネーションとなるのか。それを示唆する市場テストを経なければ、顧客の生活を大幅に改善し企業の最終利益を高めるために、どんな商品を開発すべきかは明確にならない。選択に対する答えは漠然としている。だが情報が十分でなく、答えが曖昧でも、意思決定をしなくてはならない。こうした意思決定にはリスクがあり、その波及効果は計り知れないのだ。

本能に従え

イノベーションにおいて曖昧さはつきもので、それに対して的確に意思決定するだけのビジョンを持った人は多くはない。明白な証拠がなくても態度を明確にする必要があり、しかも自分の選択にリスクを負わなくてはならないのだ。ディー・カプール、チャック・ジョーンズ、エディス・ハーモンなど、本書で紹介するマネジャーは、それができる人物だ。実験結果に頼る以前に、彼らは自分のビジョンを持っている。正しい道だという証拠が十分に揃うまで待つよりも、既存のナレッジや経験、経営資源を活用するのだ。

イノベーターは、その必要性や訓練を通じて曖昧さに馴染むようになる。しかし、誰もがそうなれるわけではない。あなたはどうだろうか。直感的な判断を科学的に根拠があるものとして擁護できるだろうか。たとえば、あなたと友人がコインを投げて今日の昼食代を出す人を決めることにしたとする。ポケットから二十五セント硬貨を出したら、新しい図柄のものだったとしよう。あなたは、たとえそのコインを投げたことがなくても、特に疑問を持たないだろう。しかし、そのコインが絶対に「公正」だという確信があるかと問われたら、正確な確率はわからないことを認めざるをえないはずだ。調査せずにこのコインを使ってもいいものだろうか。確立を調べるために一〇〇〇回投げてみるべきだろうか。

もちろん、我々の多くはためらうことなくコインを使うだろう。言い換えると、我々はコインの裏表が出る確率は均等だと信じこんでいるが、統計学を厳密に適用するなら、何らかの証拠を得るまで、そのコインの表が出る確率はわからないことになる。しかし、ここまで読んできても、コイン投げはほぼ公正だと思うのではないだろうか。それはなぜか。

ここで、科学があなたの直感を裏づけてくれる。試してみなくても、コインが「公正」だと信じることは妥当だ。なぜなら、比較的新しい統計システムのベイズ統計では、経験などの過去の情報が現在の意思決定に役立つことを支持しているからだ。これまでの人生でコインを何度も投げたことがあるだろう。過去の経験ではコインが公正だったとすれば、少なくともそうでないケースに遭遇するまでは、新しいコインに対しても公正だと思うのは自然な反応だ。統計学のクラスで学んだ単純な公式は、テストするまで新しいコインについて何もわからないということを示すだろう。しかし、ベイズ統計の公式は、コイン投げの豊富な経験から、別の結果が証明されるまでは、このコインについて信じるべきだということを示している。なお、ベイズ統計の公式は、近代的なリサーチ方法を大きく変え、インターネットのサーチエンジン、eメールのスパム・フィルター、人工的なインテリジェント・システム、医薬品のテストなどの基盤として用いられている。

確かに、ベイズ統計の公式があったとしても、自由な意見や仮説が手放しに認められるわけではない。だが、我々に必要なのは、有効なものと不適切なものを選り分ける訓練、曖昧さを歓迎するマインド、自信過剰にならない配慮である。統計的な正当性と同様に、経験に基づいたインサイトにもメリットがある。曖昧さを受け入れ、「正しい」決定であることを証明する情報が不足していても意思決定を行う意欲を持たなければならない。イノベーターは、曖昧さを甘受することでマインドセットが形成され、他の人が見逃しているところに改善方法を見つけられるようになるのだ。

イノベーションの基本プロセス

ここで自ずと出てくる問いは、どのようにイノベーションを生み出すかということだ。ピーター・ドラッカーなどの著書では、イノベーションは偶然の産物ではなく、統制のとれた活動の結果だと書かれている。では、統制のとれた活動とはどんなものか。あまりにも多くの意思決定を下す必要があり、実験から得られる回答も多すぎるときに、良いアイデアを選び取るためには、どのような種類の手続きを採用すればいいのか。

ノーベル経済学賞受賞のハーバート・サイモンは、著書『システムの科学』のなかで、デザインの科学について次のように論じている。[★1]

「現実世界のより大きな最適化の問題に対する正確な解決策は、単に手が届き、目に見えるもののなかにあるわけではない。この複雑さに直面し現実世界でビジネスを行う企業は、最良の答えを知りえない質問に対して十分な回答を見出すための手順に救いを求める」

サイモンは、そのほうが良いと思うからではなく、選択ができないから、「妥当」と思われる代替案を受け入れる状況を描写するために、「満足化（Satisficing）」という造語を使っている。製品のイノベーションでは、最適化ではなく、最低条件を満たすことが重要なのである。

サイモンが示唆する手順とは、目標を設定し、その目標に対する意思決定をすることである。「何でも可能な世界において、どれがベストなのか」と問う、最適化をめぐる不可能な課題ではなく、イノベーションにおける問いは、「この案で、デザインの方向性は合っているか」というものだ。つまり、成功のための基準を定義することが求められる。

サイモンの哲学と同様に、我々は最高のイノベーターが従っていると思われる商品開発の初期段階の一連のステップや手順を明らかにしていく。商品開発の初期段階はしばしば、「曖昧な段階」といわれる。初期段階の課題は、明白な事実ではなくユーザーの観察結果に基づくインサイトから基準を設定することであり、次の課題はその基準を満たすオプションを創り出す

★1 Simon, H. A.
The Science of the Artificial,
The MIT Press, Cambridge, MA, 1969.

ことだ。このプロセスは商品だけでなくサービスのデザインにも役に立つ。以下、こうしたイノベーション・プロセスの各段階を見ていこう。[★1]

戦略的に重要な階層を特定する……まず、企業やターゲット市場にとって、戦略的に重要な一般的区分による階層をあげてみる。これは、精力的にランニングを行うベビーブーマー世代の男性のように、自社にとって主要な市場かもしれない。この階層を商品開発の観点からリサーチすることで狭めていき、対象市場として実現可能な範囲にまで絞りこむ。もちろん、企業目標との整合性を確認しながら作業を行う必要がある。

顧客像についてリサーチする……対象となる人々、社会、経済、技術的要因（SET要因）を調査する。[★2]イノベーターは実際の人々をリサーチして、自分たちの戦略的ドメインで重要な人々の実像を理解しなくてはならない。「実際の」人々という点を強調するのは、集団の特徴を記述する統計から離れて調査するべきだからだ。統計は一般的に、問いに対して過去の答えを提供する。だが、イノベーションは、現在と将来に関するものだ。また、統計は人々の姿を単純化し、要約し、間違いではないが正確でもない知識しか提供しない。実際の人々との直接的なやりとりなしには、重要な個人の実情は把握できず、ターゲット層のなかの「典型的な」人々の限られた事実しか得られない。

心理学者でもあったサイモンは、集団の調査ではなく、少数を深く調査して彼らの問題解決

★1 もっとも、イノベーションに関する活動は、実行しながら学ぶことが一番だ。そこで第9章では、実際のプロジェクトの流れを想定して、各々のステップについて説明している。さらに知りたい方は、以下を参照していただきたい。

Cagan, J. and C. M. Vogel. *Creating Breakthrough Products: Innovation from Product Planning to Program Approval*. Financial Times Prentice Hall, Upper Saddle River, NJ, 2002.

★2 SETのトレンドについては、第4章で取りあげる。

のプロセスやアプローチを理解するプロトコル分析について言及している。彼によれば、大規模な調査では豊富な量の情報が得られるが、投げかける質問と調査対象とする集団が妥当なサンプルであるときしか有効ではない。曖昧な段階では、イノベーターは何を聞くべきかわかっていないので、質問を精緻化できない。

機会を定義する……トレンドのダイナミクスは常に市場に新しい機会をもたらす。主要なステークホルダーに関するリサーチやナレッジによって、特定の戦略領域における複数の機会が明らかになる。問題が解決されるためにあるように、機会は商品で埋められるためにある。機会とは現状を前向きに定義した状態であり、商品とは目標とする望ましい状態だ。ここで目指すべきは、商品そのものではなく、その商品が人々にとって何を実現するかを考えることだ。その機会におけるニーズ、ウォンツ、願望は何か。リサーチした人々は、現在提供されていないものをどう評価するだろうか。

デザインの基準を定義する……リサーチに基づいて、その機会が満たされた状態を実現するために、商品にどんな特徴が求められるのかを定義する（商品の見た目がどうあるべきか、ではない）。これらの特徴がデザインの基準となる。

基準を満たす……基準を満たす可能性を秘めた商品アイデアを多数考え出し、実際に基準を満たしている最も有望なアイデアの試作品を作る。次に、ターゲット・ユーザーから試作品に対するフィードバックをもらい、少なくとも定義した基準を満たし、自分たちがベストと思える商品デザインになるまで、何度もやりとりしながらデザインをしなおす。

次の段階に進めるかどうか決定する……この段階では、さらに開発プロセスを進めるかどうかを十分に判断できるほど、商品は特定されている。この時点で、続行する価値があると判断されれば、その商品は新しいフェーズに入り、生産や市場投入の準備を始める。企業によっては、イノベーション・チームはこの商品から離れ、別のチームの手で新たに始めるところもある。アディダスでは、この時点でイノベーション・チームをマーケティング・チームと統合させ、専門知識やこれまでの勢いがきちんと伝わるようにしている。アディダスのイノベーションの仕組みはすでに素晴らしいが、一つ改善するならば、デザイナーとエンジニアのイノベーション・チームに初めからマーケティング担当者を加えることだろう。

基本ルール　イノベーターの思考回路

最低条件を満たすことを基準とした、これらの商品開発のステップは、基本的に我々が通常「手順」と考えるものとは異なっている。もちろん、これは誰もが学習、採用、使用することが可能な方法論だ。しかし、多くの人々が慣れている他の手順と異なるので、ここで手順そのものから少し離れて、実際にどう使えばいいか、何が期待できるかについて説明しよう。特に、イノベーションの方法論の四つの側面を取りあげる。

1　この方法論は、ユーザーに「考える」ことを要求する。
2　この方法論は、アイデアを大量生産するものではない。
3　企業は結果よりもプロセスに対して投資すべきである。
4　この方法論には、知性だけでなく、モチベーションが求められる。

いわゆるノウハウ本と比較しながらこの四つのポイントを説明することで、意思決定の考え方の本質やイノベーターの思考方法の特徴がわかるだろう。

ポイント❶ 考え抜け！

我々の多くは、リスクや不確実性を排除して、自分自身や自分の世界を高めたいと思っている。「誰でもわかる○○」といったノウハウ本のように、保証された手順を一歩一歩たどることを好む。○○に入れる言葉は何でもよい――誰かが必ずそうした本を書いているだろう。「誰でもわかるギター」「誰でもわかる低炭水化物ダイエット」、さらには「誰でもわかるセックス」といった本まで手に入る。書店のバーンズ・アンド・ノーブルのウェブサイトで検索すると、こうしたノウハウ本が二五一九冊も登録されていた。これらの本は、不確実性を減らし、頭を使わなくても成功が保証され、リスクなしに上達する方法を紹介している。

もちろん、ノウハウ本が提供する手順は広く受け入れられている。リスクなしで向上するこうした手順は大きな収益を生み、長いあいだ社会に恩恵をもたらしてきた。たとえば、農夫は何世紀もかけて技術を利用できるようになった。人が鍬を使って耕すよりも、牛を使った耕作機械のほうが確かに収穫は増える。その後、機械化によって、限られた時間内に耕作できる土地が増え、同じ労働時間でより大きな収益を得られるようになった。

もっと近代的な例をあげると、数学的な調査分野に「オペレーションズ・リサーチ」というビジネスの意思決定を最適化するための手法がある。オペレーションズ・リサーチには、航空機や野球のシーズンのスケジュール表の作成から、商品保管場所の最適なロケーションの割り出しまで幅広い用途がある。これを用いれば、小売業者は店頭在庫や返品という無駄をなくせる。こうしたスケジューリングの公式、在庫管理の解決策などの手法は、農夫にとってのトラクターのように、リスクなしの改善を提供する。それは企業にとって巨額の価値となりうる。たとえば、トラクター・メーカーのジョンディアは最近、オペレーションズ・リサーチのコンサルティング会社、スマートオプスにサプライチェーンの改善を依頼し、十億ドルを節約した。

ノウハウ本のチェックリストがあれば、あとはプロセスが働いてくれる。プロセスに従事する人間は誰でもよいし、頭を使う必要もない。だからこそ、ノウハウ本には「誰でもわかる」というタイトルがついているのだ。

しかし、イノベーションの方法論を用いる場合は、それを使う人間が重要になる。方法論は役に立つが、イノベーターの代わりはできない。方法論はイノベーターに可能性を与えるもので、ちょうど大工にとってのハンマーや、建築家が使うＣＡＤのようなものだ。ニューヨークのフリーダム・タワーは、最新のＣＡＤや３Ｄデザイン図や「レビット」というモデリング・プログラムを使ってデザインされている。同様のプログラムは長いあいだ、エンジニアやデザイナーが、オートバイや航空機、他の消費財をデザインするために用いてきた。こうしたツールは建築家の能力を飛躍的に高めるが、建築家は依然として働かなくてならない。イノベーションの方法論はそれを使う人間のスキルを高め、その人の生産性を引き出すツールなのだ。

スペインのビルバオにあるグッゲンハイム美術館のデザインなどで知られる、有名な米国の建築家、フランク・ゲーリーの作品の例を考えてみよう。ゲーリーの建物はきわめてユニークで、紙に描いた想像図や粘土模型でしか見られないような、曲がりくねったフォルムのアート作品だ。複雑に増殖し結合するその有機的な形は、ゲーリーの建物の基本となっている。再現や標準化は存在しない。彼の建物のフォルムやパーツには、一つとして同じものはないのだ。伝統的な建設請負業者がこうしたビルの建設に取り組まなくてはならないとしたら、どれだけ大変なことだろうか。しかし、彼の建物は見事に建設されている。それを可能にする唯一の方法は、ＣＡＤ／ＣＡＭのツールの利用だ。ＣＡＤシステムを用いることで、ゲーリーは自分の想像を形に表し、伝えることができた。ＣＡＤ／ＣＡＭシステムはツールにすぎないが、ゲーリーのエンジニアが使うことで、彼のイノベーションを商業上、および構造上の成功へと導く、洗練されたイネーブラー（実現させるもの）となるのだ。

ポイント❷　イノベーションは大量生産できない

この方法論の二つめの側面は、大量生産向きではないことだ。たとえば、ヒューストンの郊外に行くと、そこにある家々は、建築資材を複製し組み替えた大量生産品だが、イノベーションは残念ながら見られない。ヒューストンの郊外は、ビルバオではないのだ。

ただし、こうした方法論が理解しにくいからイノベーションが大量生産できない、ということではない。イノベーションの方法論は、優秀な人材を必要とする。彼らは「誰にでもできる」に該当する存在ではない。優秀な人の仕事は、その人から離れていくことはない。彼らの仕事を記号化して、世界中に彼らの代替物を大量にばらまくソフトウエアにすることはできない。企業に有機的成長をもたらす基盤となるイノベーションのプロセスがあれば、そのイノベーションが競争優位となり、世界中の模倣者がすぐに真似してばらまくコモディティにはならない。

ポイント❸　成功しても立ち止まらない

この方法論の三つめの側面は、より大きなプロセスの一部として、進行中のイノベーションを育てるインキュベーターであることだ。

イノベーションにはリスクがつきもので、失敗する確率も高い。リスクをビジネスにしている産業、カジノについて考えてみよう。さまざまな思惑が渦巻く世界の巨額な資金は、単なるギャンブルではなく、推測の仕組みから来ている。「ハウス（運営元）」でもギャンブルでは負けるかもしれない。誰が儲かるか、誰が負けるかは知る由もない。

しかし勝つ可能性はあり、繰り返していけば儲けも出る。統計によると、新商品の成功率は非常に低いが、ポイントは同じだ――繰り返しが重要なのだ。イノベーションがあっても、プロジェクトは惨めな失敗に終わるかもしれない。しかし、利益はプロセスを繰り返すことで生まれる。自分に有利に勝率を上げられれば、つまり、適切なツールと方法論を用い、それを守っていけば、新商品の投入において「ハウス」の勝率に勝てるかもしれない。確かなのは、成功したからといって、そこで立ち止まってはいけないということだ。常に新しいアイデアを生み出していくための基盤を保ち続ける必要がある。

多くのイノベーティブな企業は、常にイノベーション・サイクルを促進していくための仕組みを作っている。あとで詳しく取りあげるルブリゾールは、「よりよい世界のための流体技術」を開発している企業だが、毎年二つの新技術の商品化に向けた開発プロセスを実施している。第1章にあげたチャック・ジョーンズは、ワールプールのパイプラインに常に商品アイデアを流すべきだと述べている。他の企業も、新しい成長分野を開発するために高度なR&D活動を支援している。ニューバランスも、強力な次世代商品グループを擁し、新商品の機会だけでなく、機会を判断するための新しいアプローチを常に探している。

ポイント❹ モチベーションなくして成功なし

最後に、イノベーションの方法論は、ノウハウ本で約束されている類の、成功が保証されたステップ・バイ・ステップのプロセスをとらない。従業員にやる気がなければ、この方法論から何の便益も生まれないのだ。

ケートとスーザンの例で考えてみよう。ケートは起業家精神に溢れ、自分のまわりの可能性を最大化しようと思っている。彼女は大学で成績優秀者として、ほとんどの科目で賞をもらった。たとえば、マーケティングクラスのケーススタディの分析では、その企業についてケースに表面的に書かれている以上のものを読みとった。彼女は当事者の立場で、競合企業やその戦略について調べ、各社の実際の顧客と潜在顧客について時間をかけてじっくりと考えた。

かたやスーザンは学校ではまじめな頑張り屋だったが、彼女の目標は各プロジェクトでAをとることだった。マーケティングのクラスでは、4P（プライス、プロダクト、プレース、プロモーション）をそれぞれ議論すればよいと考えていた。彼女のモチベーションは議論そのものよりも、それ以外のところに向けられていた。スーザンにとってはマニュアルが重要で、基本的に空欄を埋めるようなやり方でAをとった。

二人とも就職活動は成功したが、イノベーションの方法論で成功したのはケートのみである。スーザンの仕事のやり方は、ノウハウ本のプロセスにそって空欄を埋めるというものだ。ケートのやり方は、より深いインサイトを得るためにプロセスを使う。イノベーションの世界で重要なのは、深いインサイトだ。ただ空欄を埋めるだけでは、前にも上にも進むことはできない。

本書で紹介するイノベーターの方法論は、イノベーションで成功している企業が使っているベストプラクティスだ。建築家にとってのCADと同じで、イノベーションを向上させるためのフレームワークやツールなのだ。ただし、それを生かすには起業家やケートのようなモチベーションが必要で、方法論だけではイノベーションは成功しない。使い方によっては、スーザンのペーパーワークのようにもなるし、ケートのように独創的でインパクトがあり、競争から抜け出す一助にもなる。これらの方法論は概して商品調査の初期段階に用い、イノベーティブな商品の開発のために繰り返し使えるプロセスである。

4 トレンドをデザインする

将来を映し出す水晶玉を求める必要はない。すでに目の前にある機会を考えればいい。イノベーションの初期段階で行うべきは、現在のトレンドを調査して、それを顧客の立場で理解することだ。なぜなら、市場の動向こそが、明日の商品の成功へとつながる新しい機会をもたらすからである。

ニューヨーク州ニューヨーク市。ニューズウィーク誌を広げたフレッドの目を引いたのは、ｉＰｏｄの爆発的な売れ行きに関する記事だった。フレッド自身、ｉＰｏｄを愛用していた。

フレッドにとって、ｉＰｏｄがよく売れる理由は明らかだった。スタイリッシュで使いやすい。フレッドは主に自分のＣＤコレクションからコピーした音楽をｉＰｏｄで聴く。カセットテープを使っていたころは手間がかかった。今では、ただＣＤを挿入し、トラックを選んでボタンをクリックするだけだ。しかも、インターネットを通じて、何でもダウンロードできる。一曲九十九セントでダウンロードできるサービス「ｉＴｕｎｅｓ《アイチューンズ》」は、聴きたくもない曲がたくさん入っているＣＤを買うより、はるかに便利だった。

娘のリズはフレッドに、ファイル交換ソフトの「Ｋａｚａａ《カザー》」を使えばもっと便利だと、いつも言う。彼女は、持っている音楽のほとんどをそうやって手に入れた。リズや彼女の友だちは、自分たちにはそうする権利があると信じている。ほとんどのメガブランドがすでに儲けすぎなのに対し、大半の独立系企業は儲かっていない。でも大手が大量生産しようがしまいが、自分には聴きたいものを聴く権利があると彼女は思っている。フレッド自身は、著作権侵害はよくないと思っているが……。

*

それでもフレッドは、お気に入りの音楽をすぐに変更でき、小さなプレイヤーに何百曲も保存できるというアイデアがとても気に入っている。どうやって一万曲も保存できるのだろう。一万曲といえばＣＤ七五〇枚分で、書斎の本棚なら一杯になってしまう。それがｉＰｏｄなら、本来の音質を維持したまま、ベルトに挟んで、ランニングに出かけられるのだ。

フレッドは、ＭＰ３プレイヤーが出現したとき、すぐに飛びついたわけではなかった。職場に、新製品が大好きで、操作に習熟するのに徹夜を余儀なくされようと、真っ先に新商品に飛びつく友人がいた。フレッドは、その友人から、さまざまな情報を聞き出し、自分なりに納得できるまで買うのを待っていたのだ。

キャズムを越える

一九八〇年代半ばにドイツで開発されたMP3のフォーマットは、人間の耳には聞こえない音などを取り除いてデータを圧縮する。従来のフォーマットと比べると、音質を落とさずに約十分の一のデータ量で保存できる。つまり、一枚のCDに十枚分のアルバムが入る。

携帯性とは、要するにサイズである。MP3プレイヤーは、フラッシュメモリにせよ、iPodのような小さなハード・ディスク・ドライブにせよ、どちらも保存量に限界がある。もしデータを圧縮する技術がなければ、消費者が十分に楽しめるだけの曲数をプレイヤーに入れることはできなかっただろう。MP3や、iTunesのAACのようなデジタル音声圧縮フォーマットは、技術的なブレイクスルーであり、望みどおりにデジタル音楽を携帯できることにおいてティッピング・ポイント（転換点）だったのだ。

どんな新技術にも、常に最先端を行くことを楽しむイノベーターのグループ、すなわち、新機能の恩恵にあずかるために使い勝手の問題に目をつぶる先行ユーザーが存在する。先行ユーザーの購買行動は、市場機会につながるトレンドや変化を早期に表す可能性がある。しかし、先行ユーザーの購買行動が示しているのは、やがて大ブレイクする新商品ではなく、新しい機会にすぎないと肝に銘じておくことが重要だ。つまり、先行ユーザー向けのソリューションは、「キャズム（溝）」を越えてメインストリーム市場のユーザーの購買を促す上では、必ずしも必要ではない。

たとえば、iPodの技術は新しいものではない。一九九〇年代後半から、市場には数種類のMP3プレイヤーがあった。またそれらが、使い勝手のいいユーザー・インターフェースで信頼性の高いMP3音楽を聴けるという機能的なニーズを満たしていることを、イノベーターならほんの少し調べるだけで理解できた。だが大多数の人にとって、それは子供やマニア向けの難解な技術だった。ジェフリー・ムーアが述べているように、ごく少数のアーリー・アドプター（初期採用者）と、製品として完全であれば新しいものを好む、より大きなアーリー・マジョリティ（実利主義者）とのあいだにはキャズムがある。[★1] iPodのケースでは、文化的、経済的トレンドが完成品を求めるマジョリティの市場を生み出した結果、アップルというインサイトに優れた企業に絶好のビジネスチャンスをもたらしたのだ。

アップルのトレンド・リーディング

コンピュータ業界において、アップル[★2]はイノベーターである。他社は追随するだけだ。アップルが常に業界が進むべき方向を示すモデルを提供してきたのに対し、大半のパソコンメーカーはコモディティを生産してきた。コモディティの性格上、ゲートウェイのような企業が、薄利を勝ち取るために苦闘を余儀なくされたのも無理はなかった。二十一世紀になって業界史上

★1 Moore, G. *Crossing the Chasm*. Harper Perennial, New York, 1999.
『キャズム　ハイテクをブレイクさせる「超」マーケティング理論』
川又政治訳、翔泳社、2002年

★2 Apple Computer　http://www.apple.com/

初めて、市場が飽和状態に達し、売上が頭打ちとなり、パソコンメーカーは大打撃を受けた。利幅が小さい分、大量販売が必要だったからだ。

一方、アップルは、現在が経験経済であることを理解し、ユーザーの経験に着目することで、価格プレミアムを維持してきた。さらに、経験経済を超えて新たに生まれているファンタジー経済（次章を参照）に訴求するような商品へと移行している。iMacの商品ラインは、最新技術だけに頼らない、デザイン性の高い商品として格好の例である。アップルはトレンドを読むのが実にうまい。

もちろん、アップルの商品が全て完璧だったわけではない。オペレーティング・システムを公開せず、ハードウエアとソフトウエアの両方を完備した商品の提供にこだわった結果、失敗したこともある。競合を締め出し続けたため、市場でマックは少数派となった。少数派ということは、それだけマック用のプログラムも少ないことを意味する。そのため、パソコン市場が活況を謳歌した一九九〇年代半ば、アップルは他のメーカーがとっていたウォルマート戦略、つまり、低コストで大量販売する戦略をとろうとした。そしてビジネスマンのジョン・スカリーを雇い、イノベーターであるスティーブ・ジョブズを解雇した。スカリーはコスト削減に専念し、同社のお家芸であるイノベーションは邪道とされた。その結果、精彩を欠いた商品とお粗末な品質で、同社は倒産寸前まで追いこまれた。その後、ジョブズが戻ったのを機に、アップルはイノベーションの道に戻り、規模は小さいがプレミアム市場を奪還し、ふたたび繁栄するようになった。

アップルは、インサイトに溢れる商品を一貫して打ち出してきた。そうした商品に対し、他の企業は模倣するしかなかった。アップルはアイデアのリーダーであり、トレンドを読みとって、常にトレンドを先取りすることに秀でている。同社のアイデアは先行ユーザーのたまり場で終わらず、キャズムを越えてメインストリーム市場に届くのだ。

ＭＰ３に話を戻すと、ＭＰ３の技術は昔からあったが、どの商品も先行ユーザー以外の市場から見向きもされなかった。商品開発に精通する企業はこうした状況を認識し、ほとんど使いものにならない技術を、有用で使い勝手がよく、望ましい商品に手直しする手段として、デザインを活かすことを学んでいた。たとえば、パーム・コンピューティングは、アップルのニュートンやシャープのウィザード、マイクロソフトのウィンパッド、その他の泣かず飛ばずの商品を尻目に、ＰＤＡで大成功を収めた。技術はもちろん重要だが、ユーザー・インターフェースや人間工学、ライフスタイルの特徴なども同じくらい重要だ。パームの最初のＰＤＡは、先行者のモデルよりも形状がはるかに小さいため、携帯性に優れて使いやすかった。

アップルのコンピュータも技術力を背景に、使い勝手がよく、見た目も素晴らしい。アップルは他の企業を後追いするのではなく、自ら標準を作っていく。同社のコンピュータは、これまでの業界にはないほど見栄えがよく、デザインのよさが機能的な欠点を上回っている。

同じことがｉＰｏｄにも当てはまる。ｉＰｏｄ自体が現代の美的感覚を定義している。シンプルなラインと白いプラスチックのカバーは携帯しやすく、丸い操作盤を使ったインターフェースは直感的にわかりやすく、操作もしやすい。約１７０グラムという軽さで、ポケットにも

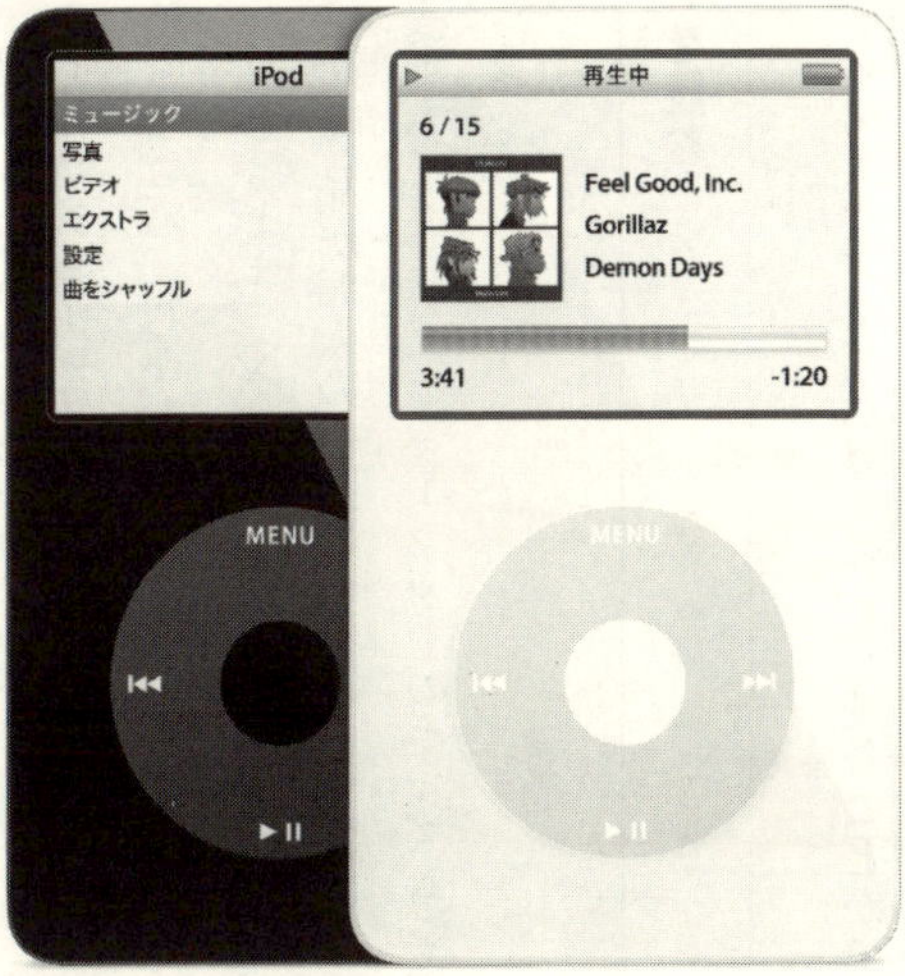

iPod（写真提供：アップルコンピュータ株式会社）

ぴったりと収まる。しかも、アップルはさらに先へ進んだ。iPodではまだ小ささや格好よさや美しさが足りないとでもいうように、約100グラムの非常に小さいiPodミニを投入したのだ。この商品では、アルマイト加工のカバーにカラー・バリエーションも用意していた。さらにもっと小さいiPodシャッフルも発売した。

この商品からは、アーリー・マジョリティが嫌う不確実性が全て消え去っている。小粋でクールで、使いやすく、価格も手ごろ。しかも誰もが信頼する会社が作っている商品だ。アップルは大々的な広告キャンペーンを打ち、X世代やY世代のシルエットがiPodを持って曲に合わせて踊るシーンで、この商品が個人の一部になるという経験を積極的にアピールしている。つまり、iPodは圧縮デジタル音声フォーマットのキャズムを越えた商品なのだ。

SET要因でトレンドを読む

トレンドには莫大なビジネスチャンスがあり、うまく読むことができれば、そのパワーを活用できる。ユニリーバとロイターで活躍するナイオール・フィッツジェラルドは、企業をサーファーにたとえながら、トレンドについて次のように語っている。「皆、世界で一番のサーファーになれる。しかし、波の穏やかなところでサーフボードの上に座っていては、遠くまで行くことはできない[★1]」。波のない海ではサーフィンはできない。もし世界が永久に変化しなければ

★1 *The Wall Street Journal.* "On Buy-and-Purge Strategy, Need to Keep Changing." May 24, 2004.

ば、企業の成長を推進する新しい機会もないだろう。だがトレンドを理解している企業なら、自力で乗り切っていける。

「トレンドを読む」という概念に対して、多くの人々は最初に、「将来を予言する」という課題を思い浮かべるようだ。しかし真の課題は、現状と現時点における動向を理解し、それを将来の成功に結びつけることにある。このアプローチは「先行デザイン」と呼ばれるもので、常に最先端を行くイノベーティブな企業で用いられている。多くの場合、将来に対する予測は、現状を理解したあとのほうが簡単だ。たとえば、ベビーブーマー世代の高齢化というトレンドは、よく知られている。現状を把握すれば、医療機器やヘルスケア商品のニーズが高まるといった、将来起こるであろう事象のいくつかはすぐに明らかになる。

トレンドを見極め理解しやすくするために、我々は**「社会（Social）」「経済（Economic）」「技術（Technological）」**という三つの広範囲なフレームワークを用いる。これら三つは、市場が何を保有し、何を求めているかといった動向を知る窓となる。つまり、市場にすでにある商品と、新商品の投入機会とのあいだのギャップがどこにあるかを探すのに役立つのだ。我々はそれを、「商品機会のギャップ」と呼んでいる。

社会的要因では、市場の文化的、政治的側面やライフスタイルなどを概観する。経済的要因では、市場の購買力や購買傾向を概観する。技術的要因では、ニッチな分野における技術の新しい利用動向を概観する。このSET要因からしばしばニッチな市場セグメントや焦点が浮き彫りになる。これらは動的で、いずれかの要因により大きく動いたり、動きが遅くなったりする。企業にとって、常にこれらの要因を読み、新製品を作り出す機会を見つけることが目標となる。要因の背後にあるパワーは常に変化している。優れた企業は、常に現時点のこれらの要因を読みとり、起こるべき変化に対応しているのだ。

全ての変化に簡単に適応できるわけではなく、全てのチャンスを活かせるわけでもない。だが、たとえ全てのトレンドが全業界で役立つわけではないとしても、市場を深く理解することが成功につながることは間違いではない。特にイノベーティブな企業は、時には幸運に助けられたり悪運に傷つけられたりするが、同時に、景気に左右されずにコンスタントに収益をもたらす一貫したインサイトを備えている。

アップルのように常に素晴らしい商品を提供する企業は、そうしたトレンドを読むことを学んだからこそ、業界のリーダーとなったのだ。

トレンドの波には逆らえない

明日の商品はトレンドから生まれることが多いが、時としてその商品がトレンドを創り出すこともある。

iPodとMP3は、トレンドや人々の期待に応えるとともに、それ自体がトレンドや期待を生み出した。この商品と技術のおかげで、消費者はこれまでよりも柔軟に音楽を楽しめるようになったのだ。人々は自分のほしい曲だけをダウンロードするようになった。物理的な商品へのニーズは、さまざまな選択や種類に取って代わった。CDをまるごとダウンロードする人は、ウェブでCDのジャケットを入手して印刷することができる。しかし、多くの人にとって、アルバムのジャケットは必要ではなく、特にほしいわけでもない。「共有」という社会的概念は、世界中の人々がファイル交換サイトに参加するという新たなレベルへと移行している。

ＭＰ３が開発される前でさえ、音楽やエンタテインメント業界の流通システムは、小型化の方向へと進み続けていた。小さければ小さいほどよいし、物理的な機器を必要とすることへの煩わしさを、ｉＰｏｄは最先端の美的感覚やライフスタイルの提案で埋めあわせている。

アーリー・アドプターにとっての次の関心事は、自分の生活の一部となるあらゆる商品でＭＰ３を使うことだ。今では自動車でさえ、ＭＰ３技術を導入している。流通上の問題やカーステレオで音楽をダウンロードする際の不便さは、依然としてキャズムを越える際の障害となっている。しかし、いつかキャズムを乗り越え、やがてＭＰ３や音楽のダウンロードは標準になっていくだろう。

ｉＰｏｄでは、ほとんどの人々が物理的に保有する以上の音楽を保存でき、多くの人がＣＤを整理するよりもはるかにうまく音楽を整理する。携帯性の概念は、音楽を聴く環境の作り手に対して影響を与える。ＢＭＷはすでに最先端モデルのいくつかにｉＰｏｄ用のコネクタを導入した。顧客は自分の車に音楽の全コレクションを持ちこみ、十個以上のスピーカーで聴き、車から降りるときには持ち帰ることができる。また家庭やオフィスで、ｉＰｏｄ専用ドッキング・ステーションと一緒に高品質なスピーカー・システムが使えるようになり、従来のステレオシステムと事実上置き換わりつつある。

　レコード業界に代わって消費者が音楽技術を牽引するのは、従来にはなかった現象である。Ｋａｚａａ《カザー》やＬｉｍｅｗａｒｅ《ライムウェア》は、今では元祖であるナップスターに取って代わった。ファイル交換ソフトは、参加者がそれぞれ他人のハードディスクから音楽をダウンロードしたり、自分が持っている音楽を他人が利用できる仕組みになっている。いつでもあらゆる音楽にすぐにアクセスしたい、アクセスできるということを、Ｙ世代は期待している。こうしたファイル交換は違法だが、インターネットの威力と恩恵により、追跡や差し止めはなかなか難しい。「購入した音楽は自分用にならコピーできる」という共通認識は、新しい局面へと押し出された。

　今までも、誰もが友だちのために自分のアルバムをコピーしてきた。しかし、コピーが一枚、二枚、時として一〇〇枚にもなると、音楽業界の売上や収益は大きな打撃を受ける。理論的には、一枚のＣＤを一回買えば、世界中のあらゆる人に配布できるのだ。必要なのはＫａｚａａと、誰かが十九ドル九十五セントでＣＤを一枚買ってオンラインにアップすることだけだ。こうしたファイル交換ソフトの利用者の多くは、自分のパソコンやＭＰ３プレイヤーに音楽を入れているだけだが、書きこみソフトさえあれば簡単にＣＤをコピーでき、ほしい人のために完璧なアルバムを作ることもできる。

　音楽業界は新しいフォーマットへと技術を移行させなかった。代わりに、この新しいプラットフォームと躍起になって戦った。インターネットからファイル交換サイトを排除したり人々を近づけないために訴訟や逮捕を用いたのは、音楽業界が抱いている不安感の表れだった。だが、インターネットと圧縮デジタル音声技術が音楽業界のビジネスモデルを変えてしまった以上、戦うのではなく、消費者から収入を得る新しい方法を見つけるべきなのだ。CDに高すぎる価格をつけるのではなく、これまでになかった付加価値を自社商品の購入者に提供することを検討しなくてはならない。人々が求める倫理を自社商品で示し、商品を買うという誠実さが、Kazaaを使った海賊版に打ち勝つようにすべきなのだ。

Y世代やX世代にとって、これらの全ての影響は待ち望まれたものである。何がほしいのか。いつほしいのか。今だ。そして、無料だ！　MP3のコンセプトは、瞬間的な満足へのニーズや要求をさらに強めてしまった。

長い目で見れば、こうしたことが音楽業界に示唆しているのは、新たに起こりつつあるファンタジー経済に組みこまれることが何を意味するのかということである。音楽業界はもっと頻繁にもっと多くのシングルを制作するようになり、アルバムは減っていくだろう。そして、顧客が妥当だと認める価格を設定し、さほど有名ではないアーティストもサポートするようになる。また、大手は、小さな独立系のレコード会社が合法的に事業を行い、業界に仲間入りするのを認めざるをえなくなる。消費者にとっても、新しい音楽の選択肢が広がる。購入を検討するときには、何でも無料で視聴できるようになる。レコード会社は高品質の音や作品を通じて楽しめる経験を提供することで、その曲を買ってもらわなくてはならない。信頼が業界と消費者との関係を後押しするのだ。

音楽のダウンロード・サービスに金を払う大多数の人にとって、音楽のバーチャル・ストアはコモディティとなり、iTunesのようなサービスは、インターネットのあらゆるところで音楽のウォルマートとなるだろう。その一方で、単に音楽にアクセスするだけでなく、もっと高い価値を提供するサービスを生み出す機会も増える。たとえば、個人の趣味や好みに合わせて音楽を提供するといったサービスだ。バーチャルやリアルの社会的経験を提供することでサービスの利用を促進させる。そして、MP3プレイヤーに曲をただ移すだけでなく、それを上回るような、品質の高いエンタテインメントの流通システムを消費者に提供するだろう。

また、圧縮デジタル音声技術が与えた影響は、音楽やエンタテインメント業界を越えて大きく広がっている。これからのビジネスは、商品の市場投入を加速し、開発プロセスにかかる時間を短縮しなければならない。消費者が好きな色やスタイルなど商品の特徴を選ぶマス・カスタマイゼーションは、いまや標準となった。ノキアは、商品に特徴や独自性をもたせるタイミングを遅らせる、いわゆる「ポストポーンメント」の手法を用いて、マス・カスタマイゼーションを早期に取り入れた。消費者は携帯電話機のスタイルだけでなく、五十以上の携帯カバーを選ぶことで、自分を表現することが可能になった。ノキアは携帯カバーのデザインを意図的に遅らせることで、最先端のスタイルを取り入れた商品を生産できるようにしたのだ。将来、人々は主要な購入商品の全てで、独自の自己表現ができるようになるだろう。

デジタル音楽の個人化、瞬時の満足、瞬時のアクセシビリティは、生活の他の部分に広がり、今後の商品開発に欠かせないものとなっている。企業は常に差別化を促進するとともに、商品をもっと多く、もっと早く、もっと安く、もっと小さくするための技術を開発し捜し求めている。これがグローバルなトレンドの一つである。

ヒントは日常のなかにある

商品開発を始める際には、検討すべきトレンドはたくさんあり、そのなかのどれが直近の課題に最も関係があるかを特定しなくてはならない。その一つの方法は、ユーザーやステークホルダーの観点でトレンドを分類することだ。ハーマンミラー[★1]のミラチェアの例で、どうすればトレンドを理解できるのかを考えていこう。主要な顧客タイプの代表として、トムという人物を見ていくことにする。

トムは椅子に詳しくなった。家具の流行に興味があるからではなく、五十歳の彼は背中がひどく痛むようになったからだ。背中の痛みは関節炎の一種だという診断が下されたあと、それとどうまく付きあっていくかは難しい問題だった。なにしろ、歩くときだけでなく、寝ているときにも支障がある。とりわけ背中の痛みに影響するのが、オフィスの椅子、正確にはタスクチェアと呼ばれるものだった。トムはあらゆるタイプの椅子を試してみたが、

★1 Herman Miller
http://www.hermanmiller.com/

どれも長時間の使用には適さなかった。家や職場で座っている椅子よりも、車の座席のほうが具合が良かったが、なぜか同じような椅子を作るメーカーはなかった。

そんなとき、彼の妻が、デザイナー家具を愛好している友人の家で偶然、カタログを見つけてきた。そのデザイン・ウィズイン・リーチ（DWR）というカタログをめくっていると、特にアーロンチェアという椅子に目が止まった。彼の注意を引いたのは、アーロンチェアが人間工学のカテゴリーに入っていたことだった。アーロンチェアは、ベンチャー企業が飛びつく単なるステータスシンボルだと思っていたが、背中や肩の痛みを和らげる椅子とは知らなかった。カタログには、その椅子のデザイナーはチャドウィックとスタンフ、製造元はハーマンミラーと書かれていた。興味を持ったトムは、インターネットでその企業について調べてみた。

ハーマンミラーの椅子には全て人間工学が取り入れられていたが、それは彼の車の座席と同じ快適さをもたらすことを意味していた。アーロンチェア以外にも、ミラチェアという大きな新しい椅子もあった。ハーマンミラーのウェブサイトには、四年間の研究開発の末に開発された「背中全体をサポートする」人間工学を用いたソリューションとして紹介されていた。さらに、その椅子は、アーロンチェアやその他の競合メーカーのタスクチェアよりも安かった。翌日、トムはライムグリーン色のミラチェアを発注した。

一週間その椅子に座ってみると、背中の痛みはだいぶ和らぎ、以前よりも長い時間、集中して働くことができた。会社が通常購入する椅子の二倍の値段だったが、彼の生産性は二倍以上になった。職場の誰もが、その椅子に興味を示した。ライムグリーンの椅子は目立ったし、トムの働きかけによって、会社もこの座り心地のよい椅子の擁護者へと変わった。彼は、快適さはもちろん、その椅子が話の種となり、オフィスで最も見栄えが良いという事実も楽しんでいた。若手の社員は椅子の外見が気に入っていたし、年配の社員は座ってみた瞬間に心地よさを実感した。

やがて、トムは身体的な快適さだけでなく、外観も優れた会社になるように、人間工学と家具のデザインに関する調査を続け、同業界における先進的な考え方やイノベーションにつながる新しいインサイトを発見した。たとえば、彼は「ユニバーサル・デザイン」という考え方に精通するようになった。誰にでも受け入れられる商品をデザインしようとする企業は多く、その商品が実際には特定のユーザー層にしか利用されてないとしても、そうした意図はないことを慎重に説明している。そしてミラチェアは、誰もが座れる、世界一といっても過言ではないユニバーサル・デザインの椅子だった。

トムは、背中にいつも痛みを抱える、よくいるオフィス・ワーカーの一人だった。それが今では、職場で長時間座って行うオフィス・ワークの影響を最小化するために職場環境をデザインする、人間工学の専門家の一人である。人は歳をとるにつれ、元気で十分な活動を維持するために、多くの新商品が必要になることを理解する。彼らにとって「十分な活動」とは、五十歳ではなく、三十歳の身体のように動き続けることを意味する。彼らには十分な所得があり、相応の価値がある商品に金を払うことは厭わない。もちろん、見劣りのする他の商品には時間も忍耐も費やさないが。

ベビーブーマーが寄る年波には勝てないと感じる昨今、世の中にはトムのような人々が大勢いる。職場環境に人間工学の支援を徐々に求めはじめた人々に訴求すれば、大衆の支持を得ている数少ないオフィス家具の一つであるアーロンチェアの成功を維持できるかもしれない。アーロンチェアは、何といっても過去五十年間で最も成功したオフィス用チェアの一つだ。この成功を維持するために、ハーマンミラーは次に目玉となるデザインを探していた。ブレイクスルーとなった成功商品をどのように改良し、厳しい経済環境のなかで競争力を持たせるか。それには、トムの例で明らかになったようなトレンドを理解し、その理解を商品に反映させる必要があった。

ミラチェア誕生

二〇〇三年の春、毎年シカゴで開催されるネオコン国際家具見本市でデビューを飾ったミラチェアは、ただちに大ヒットとなり、調和のとれたグローバル・デザインとして数々の賞を受賞した。

ミシガン州ジーランド市に本社を置く家具メーカーのハーマンミラーは、ウィリアム・マクダノー、マイケル・ブランガートとともに、環境にやさしいメーカーになるための取り組みに特に力を注いできた。新しい環境基準制度を彼らと共同開発することで、同社の建物や生産設備は環境に配慮されたものになり、椅子のデザインにも新しいプロセスが導入された。そこにドイツのデザインチームを起用して、ナイキのシューズのコンセプトを融合させた最終的な成果がミラチェアである。

ドイツのデザイングループ、スタジオ7・5は、ハーマンミラーの環境基準チームと一緒に働きながら、同社の伝統である卓越したブランドとイノベーションを継承するデザインを考案した。単に人間工学という新しい側面を付け加えただけでなく新技術を使い、十年前のアーロンチェアがそうだったように、オフィス用椅子のトレンドを一新するビジュアル・デザインだった。また、そのコストは、アーロンチェアや他社の競合品のコストよりも低かった。新しい椅子のデザインにより、十年前のアーロンチェアと同じ成功の物語がよみがえったのだ。

ミラチェアを見て最初に気づくのは、背もたれのフォルムと、一枚のプラスチック素材を型抜きして穴を開けた、独自のパターンである。アーロンチェアの先進的な通気性の良いメッシュに競合他社が対抗してきたまさにそのときに、ハーマンミラーは新しいソリューションを打ち出した。新しい成形ポリマーの背もたれと、蝶とスイスチーズの中間のような交差模様の独自のパターンを組み合わせることで、ミラチェアは新しい美的感覚を打ち出したのだ。背もたれのフォルムと穴模様からできる影によって、家庭やオフィスのシーンに光と独自の新しいビジュアル要素が持ちこまれた。この人間工学と美しさを兼ね備えた新商品は、アーロンチェアに代わる商品として十分期待できるものだった。

もちろんハーマンミラーは、新しいビジュアルスタイルや背もたれのアイデアを顧客が受け入れるかどうか見極めなくてはならなかった。しかし、一九五〇～六〇年代にジョージ・ネルソンの指導のもと、革新的な家庭用の椅子を次々に発表し、その後オフィス用の椅子へと進出した同社は、過去五十年間、素材の選択、商品の美観、人間工学などの新しいトレンドを予見し、トレンドを作っていくうちに、時代の先を行く卓越したデザイン力を培ってきた。ネルソン、チャールズ、レイ・イームズといった同社が起用したデザイナーは、成形合板、グラスファイバー、アルミニウムを用いたデザインを導入し、オフィス環境に新しいデザイン基準をもたらした。ミラチェアはそうした伝統をしっかりと受けついでいるのだ。

また、この椅子に座って最初に感じるのは、背中に当たる背もたれの心地よさと、臀部をしっかりと包みこむシート生地の感触である。肘かけも使いやすく、肘や腕が置いた場所からずれ落ちないように、滑りにくい素材が用いられている。最も素晴らしいのは、しばらくすると、椅子のことを意識しなくなることだ。

ブレイクスルーとなったアイデアは、陸上用シューズと同じくらい椅子も快適であるべきだというものだった。スタジオ7・5にプロジェクトを任せたとき、ハーマンミラーはどんな椅子ができるのか見当もつかなかったが、このアイデアが研究開発に値することは確信していた。

スタジオ7・5は、実際にナイキに相談した。シューズはさまざまな足の三次元の動きに柔軟に対応しなくてはならないが、現代のオフィス環境における椅子も同じだ。椅子で難しい

ミラチェア（写真提供：ハーマンミラージャパン株式会社）

のは、万人に合うサイズを作りにくいことである。アーロンチェアは三つのサイズを用意していたが、スタジオ7・5は、一つの背もたれとシートで全ての体型に合わせるという難題に挑んだ。そして膜状の背もたれにプラスチック素材を用いるという離れ技で、見事に実現させた。背もたれは、一連の有機的形状の穴で強化され、異なるサイズの背中にもぴったりとフィットする。

またハーマンミラーは、新しい椅子のデザインの初期段階に、デザイナーが素材や製造について環境面でベストの意思決定を行い、商品を解体、再利用、リサイクルが可能なデザインであることを確認できるように、環境に配慮したアプローチを新たに開発した。ハーマンミラーの二人の専門家、マーケティングと資材調達のスコット・シャロンと、ケミカル・エンジニアのゲイブ・ウィングはスタジオ7・5と一緒に、そのデザインが環境に優しい最高のソリューションになるよう取り組んだ。

Y型の棒で実現した膜のサポート部分には、当初違う素材が用いられていたが、デザインチームの環境基準を満たさなかったため、何度もデザイン変更を繰り返した。環境に配慮したミッションを守ろうとすることで、椅子の座り心地が向上し、同時に商品のコストも削減するイノベーションへとつながったのだ。最終的には九六%がリサイクル可能となり、ハーマンミラーはワンサイズの椅子を作るだけでよく、工具や製造や在庫のコストが削減できた。

このケーススタディは、トレンドを特定するためにはさまざまな側面を幅広く検討しなければならないことを示している。ミラチェアは、世界に通用する商品として、ユニバーサルという考え方や人間工学にもとづいてデザインされ、素材、製造、組み立て、解体、再利用、リサイクルへの配慮が行き届いている。また、オフィスに現代的な外観と雰囲気をもたらし、同業他社の競合品よりもコストが安い。

ハーマンミラーは環境に配慮した新しい家具のデザイン方法を、他社と共有することにも前向きだ。同社は人間工学、美的感覚、エンジニアリングデザイン、製造という分野で、余りあるほどのイノベーションを実現したからこそ、環境に配慮した新しいイノベーションを寛大に他社と共有できるのだ。ここで取りあげてきた主要なトレンドは、高齢化とそれに伴う背中の問題だが、同様のトレンドは国境を越え、世界の全ての国の生活シーンに当てはまる。

トレンドを読む技術は、商品開発に真摯に取り組む人なら誰でも学ぶことができる。それには、社会、経済、技術という動的な要因の読み方を学ぶ必要がある。そして、これらの要素やその変化に基づいて、新しいニーズ、ウォンツ、願望において起こりうる方向性とは何かを考えればよい。iPodとミラチェアはいずれも、現在のトレンドを愚直に理解し洞察することから始まった。同様に、本書が言及しているイノベーションは全て、昨日のトレンドを経験に基づいて理解することから始まっているのだ。

5 ファンタジーをデザインする

消費者は幅広い経験に対して、満たされない、あるいは自覚していない願望をたくさん抱いている。そうした感情や願望に商品をうまく結びつけることができれば、その商品の魅力は増す。感情と基本的なニーズをうまく融合させれば、ブランド・ロイヤリティや一貫性を維持しながら、購買の意思決定を促し、消費者にファンタジーをもたらすことができる。商品に対して喜びの感覚や信頼感を醸成することは、ライフスタイルにあわせた消費財、より機能的な面を求められる産業財の両方において実用的なイノベーションの鍵となる。

ニューヨーク州ロチェスター市。二〇〇三年六月二十日、午後九時、スーザンは娘のステーシーをショッピングモール内の書店、バーンズ・アンド・ノーブルに連れて行った。

　モールはまだ混みあっていた。金曜日の夜であることを考慮に入れても、店が大勢の人で混みあい、来店者が増え続けていることにスーザンは驚いた。

　店に入ると、誰かがステーシーにプラスチック製の太い黒縁の眼鏡を渡すために近づいてきたが、彼女は受け取らなかった。その眼鏡は、彼女の魔女のコスチュームには似合わなかったからだ。見渡してみれば、店内にいる人の半分は、魔女や魔法使いの格好をしていた。

　午前零時、『ハリー・ポッターと不死鳥の騎士団』が発売され、パーティが始まった。食べ物、音楽、作品の朗読、そしてもちろん最新作の販売など、午前四時までお祭り騒ぎが続いた。

著　者：J. K. ローリング
訳　者：松岡佑子
出版社：静山社
Illustrated by Dan Schlesinger

ハリー・ポッター現象が示すもの

ハリー・ポッター・シリーズは、主人公ハリーの成長をホグワーツ魔法魔術学校の一年めから書き綴ったものである。読者は、少しいたずら好きの愛すべきハリーを通して、魔法使いの世界へ入りこむ。ハリーは赤ん坊のときに、両親を邪悪なヴォルデモートに殺され、その殺害中になぜかハリーの心はその邪悪な存在との接点を持った。そして歳を重ねるごとに、自分のルーツをもっとよく知るようになり、ヴォルデモートとの戦いも激しさを増していく。

五十以上の言語に翻訳され、四作で約二億部を売った同シリーズの五作め、『ハリー・ポッターと不死鳥の騎士団』への期待は世界的な現象となった。予約注文は一〇〇〇万部にのぼり、発売初日に六〇〇万部以上が売れたが、かつてこれほど早く売れた本はなかった。冒頭で紹介したスーザンは、そうした六〇〇万の消費者の一人である。娘のステーシーは、バーンズ・アンド・ノーブルのパーティに連れていってほしい、もし売れ切れてしまったら本を予約してほしいと母親にねだった。スーザンも新作の発売を待ち望んでいたので、娘のあとに読むのを楽しみにしていた。

この本は、九~十二歳をターゲット層にしていたが、それ以外の幅広い年齢層の読者にも読まれていた。誰でもハリー・ポッター現象に参加できたし、ファンタジー文学の愛好者でなくても構わなかった。ハリーはごく普通の少年である。孤児として伯父や伯母に愛されず、いとこにいじめられて育ったハリーの子供時代に、誰もが同情の念を抱くことができる。そうした普通の部分のおかげで、ハリーが魔法使いだという特異な部分を誰もがすんなりと受け入れられるようだ。作者のJ・K・ローリングは、ヴィクトリア時代のイギリスや古風な村の情景など、読者の懐かしさを呼び覚ます舞台設定をうまく活用しながら、読者が望む新しい経験を織りまぜ、完全な世界を作り出したのである。

ローリングの世界の最も面白い要素の一つは、クィディッチだ。これは、ラクロスやクリケット、ホッケー、ローラー・ボールといった地上の競技の要素と、箒《ほうき》に乗って空中で行うスポーツを組み合わせた、完璧なゲームだ。箒というシンボルを使ったのは、すばらしいイノベーションである。やせた黒衣の魔女を連想させる箒を、子供の試合の乗り物に変えたのだ。独身の学校の先生が自転車に乗っているときに竜巻に遭い、意地悪な西の魔女に変身する「オズの魔法使い」の物語に対し、ローリングは魔女と箒を魅力的な遊び友だちとして再定義した。

彼女の分厚い本を読んで刺激を受けた子供たちは、もっと読みたいといつも思っている。最新作が発売されたら真っ先に確実に入手できるように列に並ばされたスーザンのような親は、皆さんのまわりにも多いのではないだろうか。子供たちがもっぱらデジタル・エンタテインメントやインターネットに関心を持つ時代に、ハリー・ポッターは彼らを印刷物へと引き戻した。子供が娯楽のために読書をするのは、前世紀の変わりめに欧米の書店で流行ったカウボーイや西部劇の三文小説以来の快挙である。

ほとんど全ての商品はサービスを伴うものであり、ハリー・ポッター・シリーズもその例外ではない。同商品のデザイナーとしてJ・K・ローリングが物語を書くこと自体はかなり直接的なモノづくりだが、本を印刷、流通、販売するのは、巨大な生産・流通システムである。書店にとってこの本は、他の本を買ったり、カフェでコーヒーを飲むような人々を取りこむ機会を提供してくれる。また、購入者に別の本を薦めるレコメンデーション機能や、有料の配達サービスを提供しているオンライン書店にも同じようなプラスの影響を及ぼす。同シリーズの人気により、アマゾン・ドット・コムはディスカウント価格で迅速に配達されることを目玉に、『不死鳥の騎士団』の予約サービスを数カ月前から開始した。

さらに、こうしたサービスを超えて、ハリー・ポッターは一つの産業をも創り出した。キャラクター商品事業では、コンピュータやビデオゲーム、レゴ・ブロック、サングラス、さらにはハリー・ポッター・オーデコロンといった商品まで登場した。また映画では、本の精神が忠実に表現され、ドラマチックでわくわくする映像は、老若男女を問わず、本と同じように魔法使いの世界を堪能できる。誰もがその一員となることを夢見るハリー・ポッター・シリーズを映画に結びつけることにより、一人一人が特別なキャストとして、ハリーの神秘的な世界のサポーターとなったのだ。最初の三作の映画は、封切り後一週間の興行収入がそれぞれ約九〇〇〇万ドル。三作品とも現時点で歴代記録の六位以内にランクインし、これまでの累計売上高は、それぞれ二億五〇〇〇万ドルにのぼる。

ハリー・ポッターの映画は、ドクター・スースの「ハットしてキャット」という映画と対比すると興味深い。ドクター・スースの本は、ハリー・ポッターの読者よりも幼く、字を読みはじめたころの子供向けであり、過去七十年間、そうした子供たちを楽しませてきた。この本は言葉の魅力を教えながら、子供たちの想像力を刺激する。登場人物の何人かは少し意地悪だが、悪い子ではないし、残忍さや卑しさもない。

だが映画では、そうしたドクター・スースのメッセージが失われてしまった。技術は駆使されていたが、本の世界を映画にする部分がお粗末だったのだ。ローリングの場合、本の映画化を自分で承諾することができたが、残念ながら（当人にとっては幸運なことに）ドクター・スースはすでに亡くなっていて、映画化されたものを見ることはできなかった。おそらく主役のマイク・マイヤーズのファンのおかげで、興行上は完全な失敗作でもなかったが、大いに酷評され、映画館での配給はかろうじて赤字を免れたという状態だったようだ（ビデオの売上は、おそらくスタジオにかなりの収益をもたらしただろうが）。これに対して、ハリー・ポッターの三作めの映画「ハリー・ポッターとアズバガンの囚人」は、ハリー・ポッターのテーマを的確に残していて、最初の週だけで大きな収益をあげた。

その他のファンタジー作家といえば、イギリスが誇る小説家J・R・R・トールキンが思い浮かぶ。古代文化の神話に造詣が深いトールキンは、一九五四年に『指輪物語』を発表し、登場人物たちの世界と劇的な状況を巧みに創りあげた。「指輪を探す」というテーマは古代神話からとったものである。トールキンは地理の知識を生かして、壮大な冒険という理想的な設定を反映するサブカルチャーを持った想像上の王国を創り、さらに異なる言語と組み合わせて独自の言語まで創った。非常にすぐれた文学作品であり、二十世紀のベストセラーの一つである。

しかしこの本は、一九六五年に米国でペーパーバックの海賊版が出るまで特に脚光を浴びず、それ以降に熱狂的支持者による草の根運動で急に盛り上がった。また、二〇〇一年に発表された映画「ロード・オブ・ザ・リング」は大ヒットとなり、三作めの「王の帰還」ではアカデミー賞の作品賞を受賞したが、実は一九七〇年代にもこの三部作をモチーフにした映画が作られていた。しかしアニメーション作品で、特撮技術が未熟すぎて物語を効果的に表現できなかったせいか、それほど多くの人々に支持されなかった。

つまり、指輪三部作とハリー・ポッターは、SET要因が異なっていたのだ。ハリー・ポッターの本や映画が、子供から大人まで世界中で瞬時にヒットしたのは、その映画の社会的あるいは技術的要因が、文化や市場のニーズと完全にマッチしたからである。もちろん『指輪物語』も最終的には経済的に大成功を収めているが、本の人気が出るまでに約十年かかり、映画がヒットするまでに約五十年かかっている。ここから得られる教訓は、現代の速いペースで進む世界で商品開発をする場合には、商品の人気に火がつく転換点に到達するまでに十年も待っていられないということだ。

ローリング自身の話や、ハリー・ポッターの執筆を始めたころの経緯もまた感動的だ。イギリスのエジンバラで、離婚を経験し社会保障給付金をもらっていたローリングは、コーヒー店で、赤ん坊が乳母車で寝ているあいだに執筆したという。二〇〇三年にはエリザベス女王よりも収入が多かったローリングは現在、城に住み、世界で最も認められた女性となっている。

ローリングの成功は明らかに文学の才能によるものだが、彼女が成しとげたことは、全てのイノベーションにおいて教訓となる。一見すると普通の少年だが魔法使いの血を引いているというように、ごく普通のものに特異な部分を持たせたことが、彼女の成功の中心にある。我々一人一人にとっても、ありきたりなものは全て、非凡になる可能性を秘めているのだ。ハリー・ポッター・シリーズは、この「ありきたりなものを非凡に変える方法をさがす」という商品開発のイノベーションにとって重要な教訓を示している。

経験経済からファンタジー経済へ

パインとギルモアがインサイトにあふれた本を発表して以来、「経験経済」についての議論が増えてきた。★1 今日の消費者は経験を買うことが非常に多い。伝統的なヨーロッパ旅行のように、ただ観光するだけのバケーションよりも、ここ数年はヒマラヤ山脈でのバックパッキングといった参加型ツアーへの関心が高まっている。コーヒーの消費もいまや、ただのありふれた白いカップで何の説明もないコーヒーを買うのではない。コーヒー自体に新たな品質が求められているのは言うまでもなく、購入する環境や容器に細かな工夫が凝らされるようになった。消費者は商品やサービスに付随する経験、個人として得られる経験に、ますます興味を持つようになっているのだ。

★1 Pine, B. J., II, and J. H. Gilmore. *The Experience Economy*. Harvard Business School Press, Boston, 1999.

『[新訳] 経験経済』岡本慶一・小高尚子訳、ダイヤモンド社、2005年経験を求める消費者は、市場や社会の進化の一部となっている。農耕社会では、主婦のレベルでミクロ経済が生まれ、まずコモディティが売買された。そしてコモディティや家のなかの寄せ集めから、食品や衣類という商品が生まれた。農耕社会から産業社会に移ると、工場で作られた製品が手作り品に取って代わった。食品や衣類は見かけは手作り風でも大量生産されたものになり、夕食にはどの家でも同じ食材が使われるようになった。やがてサービス産業が国内総生産（GDP）において大きな比率を占めるようになると、その独自の価値が市場に加わるようになった。シェフはコモディティの新たな組み合わせを考え出し、食べ物はもはやホームメードの真似事ではなくなり、ファッション産業は新たな衣類を考案した。

そして現在、消費者は単なる商品、サービスを超えて経験を買うようになりつつある。アジア料理のレストランでは、フォークやナイフの代わりに箸が用意されていたり、レインフォレスト・カフェのように、南米の熱帯雨林にいるような雰囲気を演出している。また、エリオテックスのような衣類用素材は、アウトドアの愛好家の心を射止め、インドアにいるときも愛用されている。もちろん、こうした進化は食品や衣類だけでなく、他の商品カテゴリーにも当てはまる。

世界規模の消費の増加により、誰もが個人としての幸福感を味わうために、ますます自由に自分の願望を追求するようになっている。情報、インフォテインメント★2、純粋なエンタテインメントによるグローバルなコミュニケーションに後押しされ、世界中の人々は最新の変化やアイデアにアクセスし、いまだかつてない速いペースで変化を起こしている。そうしたなか、

★2 情報（Information）とエンタテインメント（Entertainment）の合成語

この新しいグローバルな要求を満たすために、イノベーティブな商品やサービスを開発することが、今日の企業の至上命題となっている。

では、コモディティから商品、サービス、経験へと進化してきた次の段階は何か。我々の見解では、「ファンタジー」だ。人々は自分の置かれている環境での経験だけでなく、より深いレベルの願望に自分の環境や思いを投影させたいと思っている。単にある経験に参加するだけでなく、そこで暮らしてみたいのだ。人々はすでに、現実の生活という一つの経験を生きている。**ファンタジーとは、少なくとも現時点では現実となっていない、魅力的な経験なのだ。**

消費者は、現実の外にある世界で生きるのに長けており、時には、現実よりもファンタジーの世界のほうが居心地よく感じることもある。人々は映画の描写を用いて会話し、市場規模一一〇億ドルのビデオゲームによって、ファンタジーの世界と触れあい、思いどおりにコントロールすることさえ可能になった。また、ディズニー・ワールドは経験を超え、あらゆる子供と大人のファンタジーとなっている。ディズニー・ワールドのワイルダネス・ロッジに泊まれば、いつも背後にアーロン・コープランドの音楽が流れるグレート・ノースウェストの擬似経験ができ、そこで暮らすという空想に浸ることができる。

今日、現実の生活が複雑さを増す一方で、ファンタジーはますます身近になっている。

九・一一後の社会において、人々はテロリストの脅威とは無縁のファンタジーを模索している。消費者は実体のないものに金を使い、インターネットでは、個人が電子口座を使って売買するバーチャルマーケットも存在する。金融市場においても、膨大な量のバーチャル・マネーがほとんど瞬時に国家間を行き来している。現実がより複雑になり、人々がより望ましい経験を期待するにつれて、ファンタジーが商品やサービスの購買を促進する――それが**ファンタジー経済**である。

形状にメッセージをこめる

現代の商品開発者は、購買行動における期待がこのように進化していることを理解している。それは、エンタテインメント産業から、人々が商品やサービスと接する業界全てに広がっている。消費財だけでなく、産業財でも同様だ。

ファンタジー経済における商品開発を考えるにあたり、まず「形状」と「機能」の役割について整理しておこう。形状は普通、機能を包む封筒のようなものとして考えられている。飛行機のプロペラや翼のように、場合によっては形状と機能が融合し、連続しているように見えることもあるが、こうした例は稀だ。多くの場合、内部構造やメカニズムは外装に覆われ、壊れやすかったり、危険だったり、見栄えが悪い商品の内部構造を消費者の目に触れないようにしている。馬車を引っぱる馬にカバーをかける人はいないが、自動車のエンジンはさまざまな理由によって車体で覆われている。

機能を包む形状の最も良い例は商品のパッケージである。商品のパッケージは、多くの目的で用いられる。たとえばCDプレイヤーのカバーは、「破損や汚れから内部の機構を保護する」「商品を持ちやすくする」「操作ボタンを見つけやすくする」「消費者のライフスタイルにあわせた素材や色を用いる」「市場でその存在を目立たせる」といった働きをする。たとえどんなに簡素な商品でも、熟慮しながら詳細を作りこめば、競合との差別化は可能だ。

形状と機能のコンセプトが最良のものとなるのは、メーカーと消費者の双方の期待が統合されたときである。このとき、形状と機能は消費者のファンタジーを実現し、企業に持続可能な収益をもたらす。プロペラの場合、飛行機の推進力を得る必要があるが、それ以外に、形状にはたいして付加価値はない。飛行機のプロペラは何種類もあるが、機能面の違いでそうなっているだけで、ファッション性を伝えるためにプロペラを使う人はいないだろう。しかし自動車の車体であれば、消費者を衝突から守り、エンジンを格納すると同時に、人々を魅了するビジュアル的なメッセージも創り出さなくてはならない。メッセージと機能は等しく重要であり、形状と機能は相互に補完するものでなければならない。スポーツカーと小型トラックは基本的な機能は同じだが、形状は購入者のニーズやタイプによってまったく違うのである。

日用品にもファンタジー

OXO《オクソー》インターナショナルは、自社商品の五〇〇アイテムの一つ一つに、形状と機能のモットーとしてファンタジーの実現を掲げている消費財メーカーである。OXOの最初の商品は「グッド・グリップス」という野菜の皮むき器だ。考案したのは、サム・ファーバーで、彼の妻は手に関節炎を患っていた。彼女は料理が好きだったが、一〇〇年前から同じデザインの皮むき器をはじめ、大半の台所用品を使う際に困難を感じていた。若い消費者は、商品を持ちやすくする機能をファンタジーと見なさないかもしれないが、多くの関節炎患者にとっては、痛みを感じることなく瓶の蓋を開けられるといった些細なことでも非常に魅力的なのだ。

「グッド・グリップス」の登場は、台所用品の世界にとって思いがけないことだった。大きな楕円形のネオプレン製のハンドルは、握力がない人でも握りやすい形状と手触りになっている。特許をとった「ひれ」型の形状のおかげで、ハンドルが濡れていても滑らずに握ることができ、その独特な美観は同商品のブランド・アイデンティティとなった。改良された刃にはガードがつき、デザイン全体の見た目とバランスを引き立てている。同商品のコストは、競合メーカーが作っている従来品の五倍だった。従来品とは、過去一〇〇年間、標準デザインとなってきた金属製皮むき器の量産品である。しかし、関節炎患者向けにデザインされた新しい皮むき器は、改装されたキッチン環境でより美しいものを求める社会のトレンドのニーズに合致し、瞬く間に、あらゆる年齢層の人々が使う商品となった。

グッド・グリップスは、美的感覚やスタイルだけでなく、快適さや使いやすさという点でも、台所用品に革命をもたらした。個々のニーズにあわせて誰でも使うことができ、見た目も素晴らしい商品という考え方は、OXOのアイデンティティとなり、今日、同社の五〇〇以上の商品全てが、ユニバーサル・デザインを目標にデザインされている。第4章で取りあげたミラチェアのように、その商品を使いたいと思う人には誰にでも使いやすくフィットする。

また、全ての商品が成熟商品に対して競争力を持ち、五〇〇商品のそれぞれが、主に使いやすさと美的感覚に重点を置いた独創的なイノベーションだった。言い換えれば、ありきたりなものの特異な部分に関するイノベーションだったのだ。皮むき器、サラダスピナー、計量カップ、チリトリ、ブラシなどの各商品は全体的な機能の面で優れているのはもちろん、そのデザインは非凡で独創性があり、最先端の改良が加えられている。IDSA（米国産業デザイナー協会）とビジネスウィーク誌が主催するゴールド賞をはじめとして、OXOは数々の賞を受賞した。そして、ただの皮むき器で始まったOXOは、二〇〇四年半ばに二億七五〇〇万ドルでヘレン・オブ・トロイに買収された。

OXOといえば、サラダスピナーだという人もいる。従来のサラダスピナーは、水切りとぴったり重なるカバーがついたボールでできていて、上部の取っ手を手で回し、水切りを回転させたあと、レタスから出た水分を捨てて、ボールに戻したレタスに好みのサラダドレッシングをかける準備をする。問題は、水切りを回すための動作や労力が、一部の人には困難で、誰にとっても煩わしいことだった。

OXOのイノベーションは、ワンハンドの動作で水切りを回転させたいという願望から始まった。このインサイトは、透明プラスチックのドームの上部を押すと、画像が回り出し、中に入った色つきの玉が底にぶつかって跳ねるという、子供の玩具からヒントを得たものだ。OXOは、

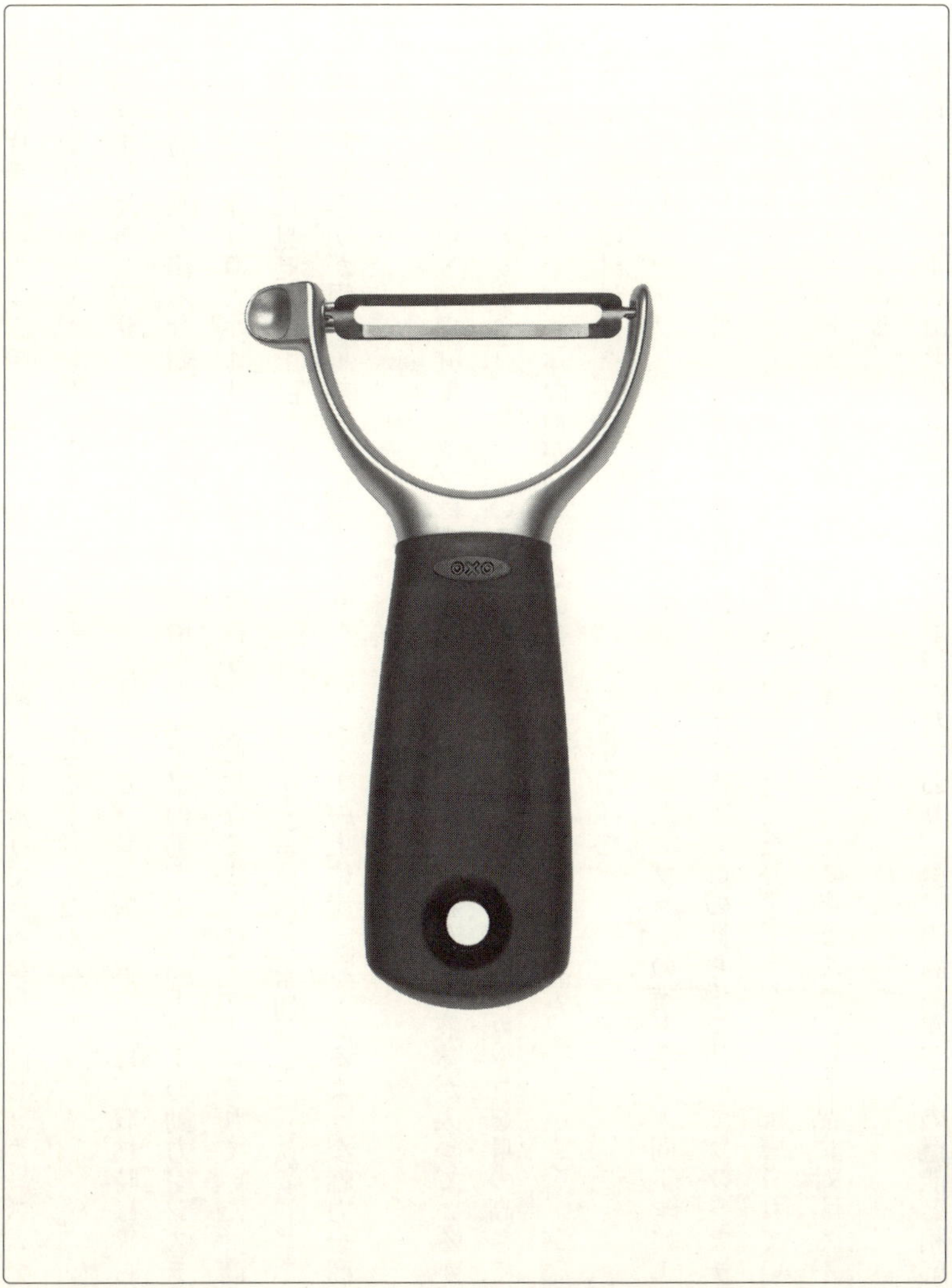

OXO GOOD GRIPS（写真提供：OXO International）

二歳児が片手でボールをつかんで、回したり玉を跳ねさせたりできるなら、同じメカニズムで大人が水切りを回して、レタスの水気をとることができると考えたのだ。

その結果、見事なデザインが完成した。上部の黒いネオプレン製の取っ手は、収納時は平らで、使用時に飛び出る仕組みになっている。滑らかな水平の動きで、ユーザーの動力がシステムに伝わる。水切りとボールは、回転中の摩擦が最小限になるようにデザインされていた。商品全体を清潔に見せる、上品な長方形のメッシュ・パターンを用いた水切りをはじめとして、考え抜かれた形状が用いられ、棚に隠すよりもカウンターの上に置きたくなるような魅力を商品に与えていた。

その他にも、OXOの計量カップは表面に角度がつき、中にどれだけの液体が入っているかが上から見てもわかるようになっている。このデザインの特異な部分は、カップを目の高さで水平にしないと、中の液体の量がわからないという不満から考え出されたイノベーションだ。OXOはこれらの計量カップで九〇〇万ドル以上を売り上げた。

また、チリトリやブラシでさえ、優れた機能をもっていた。ブラシの持ち手は人間工学による卵型をしていて、自然で効果的な動作で掃くことができる。この持ち手を使ってブラシとチリトリを合体させることもでき、二つがばらばらにならずに収納できるように配慮されている。また、チリトリの側面にある歯型でブラシをきれいにすることができ、競合品に対する不満の一つを解消している。

これらのイノベーションの多くは、特許が取得されており、全ての商品が、その機能と相応の美しさを実現している。モダンな台所に置けば、どの商品もその美観を向上させるだろう。つまり、これらの商品は全て、経験だけでなく、ファンタジーも提供しているのだ。

ファンタジーは個人レベルで起こり、個人がファンタジーを創り出す。商品は、あくまでファンタジーをサポートするものである。もちろん商品自ら創り出すことも可能だが、商品は意欲的なパートナーをその気にさせる、誘惑のようなものだ。

人間らしさのなかにも原始的なファンタジーがあり、我々は冒険、自立、安全、官能、自信、権力といった、たくさんの夢を抱いている。冒険心を満たすためには、刺激や探検を促すもの。自立心を満たすためには、しがらみを解き放ち自由になれるもの。安全を満たすためには、安全性や安定感を提供するもの。官能には、贅沢な経験のできるもの。自信には、ユーザーが自信を持てるように助け、その商品を利用しようという気持ちにさせるもの。権力のためには、権威や支配力を促すものを求めている。

人間工学に基づくOXOの皮むき器は、年配のユーザーに「快適に使う」能力を与えることで自立を促している。同様に、安全性も考慮され、ユーザーの健康を支援する商品でもある。あるいは簡単に効率よく使えることが、歳をとるにつれ失われる傾向にある「日々の仕事をこなせる」という自信を支え、宝石のような高級品ではなくとも、他の台所用品に比べれば贅沢であることが、官能という要素を満たす。また年配者に限らず、この商品が提供する経験が、単純に一般的なユーザーの現実に勝っていれば、より広い市場にファンタジーを呼び起こす。家のなかに贅沢なものを持っていない若い購入者には、贅沢な皮むき器が「贅沢な生活」というファンタジーを語ってくれる。

ではどうすれば、ファンタジーを商品に組みこめるのか。商品のどの要素がファンタジーを誘発するのか。消費者は、単に優れた機能やデザインの美しさを求めているのではなく、自分のライフスタイルを実現させたり、向上させる商品を期待している。そしてファンタジーの創出につながる商品は、その現実を越えた望ましいライフスタイルを実現させるのだ。本書で紹介する方法論やツールは、豊富なファンタジーを誘発する商品やサービスの開発に役立つものである。商品やサービスはユーザーにあるレベルのファンタジーをもたらし、企業や商品開発者はファンタジー経済のパラダイムを理解する。そして彼らは形状と機能がファンタジーを実現させるという信念に立って、商品開発を成功に導くのである。

ファンタジー志向が企業を変える

フィクションであるハリー・ポッター・シリーズのなかにファンタジーを見出すのは簡単だ。しかし、ファンタジー経済における「希望」や「願望」といったファンタジーは、日々の経験のなかで満たされるものである。

もう一つ、ごく普通の商品の例として、自転車を取りあげよう。今日の自転車の基本的なデザインと機能は、一〇〇年以上前に確立されたものだ。しかし、競技で優位にたつために性能を上げたい、家族や遠足の乗り物として乗り心地を良くしたいといった願望から、それぞれ新しいイノベーションが生まれている。

トレックは二十五年間、競技用と日常用の両方の自転車で、最先端のイノベーションを追求してきた企業だ。トレックは、軽量化のために新しく登場した複合材料技術と、性能と乗り心地を向上させる機能面のイノベーションを組み合わせた。たとえば、自転車用緩衝装置を発明したのはトレックではないが、同社商品「フューエル」のサスペンション・システムはふらつきや揺れを減らし、「リキッド」のフレームデザインは独自のジオメトリー（幾何学）を採用して、後輪タイヤに無駄なく力が伝達できるようにしている。さらに最近では、企業とエンドユーザー間のギャップを感情面で埋める手段として、産業デザインを取り入れている。エンジニアリングの性能と結びついた、その新しい造型は、性能とユーザーの期待の実現を裏づけ、商品としてのアイデンティティの構築に役立っている。

自転車選手のランス・アームストロングは、ハリー・ポッターを具現化したようなモデルだ。テキサス州プラノで育った彼は、問題の多い家庭生活を乗り越え、過酷な自転車レースであるツール・ド・フランスで六連覇を果たした。また、そこにいたるまでに彼は癌も克服し、カリスマ性がいっそう高まった。

トレックは、アームストロングのスポンサーとなることで国際的な認知を獲得したが、同社とアームストロングとの関係は、たとえばナイキとタイガー・ウッズの関係よりも深かった。他社では、選手たちは独占契約を結ぶなどして、ただその企業の商品を使うだけだ。しかし、アームストロングはトレックのブランドと密接に結びつき、トレックは癌研究の支援者となったほどである。トレック・ブランドは、アームストロングなしでもその強さを保っているが、その長期にわたる関係は総じて人々に強いブランドを印象づけた。こうしたつながりは、アームストロングの素晴らしい世界記録よりも前から築かれていたが、アームストロングが自転車界の魔法使いになるにつれ、彼と長いつきあいを持つトレックも脚光をあびはじめた。

一方、スターバックスはコモディティであるコーヒーを、高収益を伴う価値ある経験へと変換させた代表的な企業だ。世界中の厳選された生産者から注意深く入手したアラビカビーンズというコーヒーそのものから、味のぶれをなくす焙煎と抽出のプロセス、ヨーロッパの高級カフェと気軽な大学のコーヒーハウスの二つの雰囲気を兼ね備えた店内の環境、自宅用や贈答用に買えるコーヒー関連商品にいたるまで、スターバックスは全てにおいて成功している。サービス提供者としてのスターバックスの店舗は、ハリー・ポッターに出てくる憩いの村、ホッグズミードに、そのコーヒーは熱いバタービールに相当し、どちらもファンタジーを支える究極の経験を提供している。

スターバックスは依然として成長を続けているが、CEOのハワード・シュルツは、コーヒー消費の成長性と店舗拡大には限界があることを認識していた。限界に達するのを座して待つよりも、会社の基本方針を維持しながら新たに成長する方法を模索したシュルツは、社会や経済や技術のトレンドを研究した。そして第4章で触れた音楽のトレンドだけでなく、洗練されたコーヒーの味と洗練された音楽の趣味との、社会的なつながりを理解した。

小売チェーン、ヒア・ミュージックとめぐりあったシュルツは、すぐにヒア・ミュージックの、音楽に対するサービス志向のアプローチが気に入った。顧客は、洗練された非日常的な音楽を見つけたり、教育の行き届いたスタッフに音楽選びについて相談することができ、まるでワイン店がお得意様に対して行うサービスのようだった。どこの店にでもあるように、ベスト四十のヒット曲の棚を作ってコモディティ化するのではなく、めったに見つからない大人向けの音楽、特にR&Bやジャズを置いていた。想定ターゲットよりも大きな市場、すなわちNPR（ナショナル・パブリック・ラジオ）を聴く二十五～五十歳の富裕層の心をつかんだヒア・ミュージックの音楽購入経験は、スターバックスのコーヒー購入経験と合致していた。

企業の有機的成長を信じるシュルツは、ヒア・ミュージックを買収しただけでなく、同社の創業者の一人、ダン・マッキノンを音楽・エンタテインメント担当バイスプレジデントに就任させ、事業を別々に運営するのではなく、融合させはじめた。

まずスターバックスで、ヒア・ミュージックが作った多様なアーティストのオムニバスCDを販売したシュルツとマッキノンは、その後新しいモデルのコーヒー店を創り出した。顧客はダブル・モカ・ノンファット・グランデ・ラテを買うだけでなく、ミュージック・ステーションの前に座って何万という曲にアクセスできる。コーヒーと同様に幅広いメニューから音楽を選び、自分自身のCDを作ることができる。

顧客が一曲分ずつのお金を払うと、CDが焼かれ、顧客が選んだCDラベルやカバーケースがパーソナライズされた形で提供される。彼らは数分で、飲みかけのコーヒーとパーソナライズされたＣＤを持って店を出て行く。ヒア・ミュージック・コーヒーハウスはこれまでのところ大当たりで、スターバックス自体の初期の成長と同じように、拡大を始めている。

魔法使いから、皮むき器、自転車、コーヒーにいたるまで、ありきたりなものに特異性を持たせることで、イノベーションが起こっている。**イノベーションは魔法や運ではなく、ある商品がユーザーのためにできることの可能性を追求するという、地道な取り組みの成果である。**ファンタジーを実現する形状や機能を目指して、プランニング、リサーチ、開発、商品化を行えば、誰もが自身の分野でイノベーションを起こすことができるだろう。我々はファンタジー経済のなかで商品やサービスを提供するようになるのだ。

6 ステークホルダーをデザインする

企業は、顧客が商品開発の中心にあることを知っている。しかし、顧客のみに目を向けてデザインするだけでは十分ではない。なぜなら、一見たいした力を持っていない、最も遠い存在のステークホルダーが、商品の成功に重大な影響を与えることがしばしばあるからだ。本章で紹介する「パワーズ・オブ・テン」分析は、商品開発者が全てのステークホルダーを特定し、彼らのニーズ、ウォンツ、願望を能動的にとらえる際に役立つ。

テキサス州ヒューストン市。ピートは十五年間、バスの運転手を務めてきた。これまで彼は、ありとあらゆるタイプのディーゼルエンジン車を運転してきた。また、運転だけでなく、清掃、燃料の補充、メンテナンスなど、バスの手入れに追われて一日があっという間に過ぎていく。

ピートは、メンテナンスでバスを修理に出すたびに、何か問題を起こしたのかと上司に問い詰められるのを恐れていた。運転手は皆、（たとえば、雨のなかで燃料を入れるときに）燃料タンクに水が入らないように細心の注意を払わなければならないことを理解していた。それをしなかったために解雇された人もいた。

ピートの会社は最近、燃料のなかに水の分子を含む「PuriNOx」という新しい混合燃料を購入した。タンクに水を入れてディーゼルと混合させたものではなく、カプセル化された水の分子が燃料に含まれていて、燃焼時に初めて水として放出される。それにより、排気ガスから粒子状物質や窒素酸化物がほとんど取り除かれるのだ。

しかし、ピートはそのことを理解していなかった。知っていたのは、この新しい燃料がまるで牛乳のように白っぽいことだけだった。長年、タンクに水を入れるなと言われてきた彼にとって、「水の混じった燃料」をタンクに入れるのには抵抗感があった。

*

イタリアのミラノ。アントワネットは、ミラノの大気汚染が悪化していることに不満を感じていた。三人の子供の母親として、子供たちの健康を心配し、スクールバスが来て黒いディーゼルの煙がバスを包みこむのを見るたびに、いつも腹立たしく思っていた。

そんなとき彼女は、「Qホワイト」という新しい燃料がバスに使われるという新聞記事を目にした。Qホワイトは、よりクリーンに燃焼し、排ガスから危険な汚染物質が出ないという。そんなに簡単な解決策があるのかと当初は疑った。

だが翌週、自宅の前に黒煙の出ないバスが止まるのを見て感動した。アントワネットは、喜んで子供たちをスクールバスに乗せるようになった。

ルブリゾール——技術志向から顧客志向へ

米国で販売されているPur-iNOxと、イタリアで販売されているQホワイトは、名前は異なるが同一商品だ。オハイオ州クリーブランド市に本社があるルブリゾールの科学者たちは、この商品でディーゼル燃料にイノベーションを起こした。

一九二八年の創業以来、石油業界や運送業界で、目立たないが収益性の高いソリューションを提供してきたルブリゾールは、BASFと同じように、燃料そのものを作るのではなく、燃料の改良に務め、顧客である石油会社が抱えている問題に対し、解決策を提供してきた。この分野は、競争のない、収益性の高い世界だった。広告代理店やブランドの専門家を雇って商品に名前をつけてもらう必要も、小売店の店頭で熾烈な棚の奪いあいをする必要もなく、石油会社や運輸機器メーカーとシームレスなパートナーシップを結んでいるかぎり、会社としては安泰だった。

しかし、やがて転機が訪れた。一九九〇年代に油田が枯渇しはじめると、過去数十年間成長を続けてきた同社のビジネスは、衰退していくことが明らかになった。安い商品やサービスで対抗する競合や、経済の低迷により、明るい見通しだった事業が、伸び悩みが予想される事業へと変わってしまったのである。

ルブリゾールの経営陣にとって、選択肢は二つしかなかった。一つは、成長には限界がある、と現状維持に努めること。もう一つは、現状の飽和状態の商品ラインを、困難ではなくチャンスと見なして、イノベーションと有機的成長に基づく消費者主導型の企業となることだった。

幸い、成功している多くの技術志向の企業と同様、ルブリゾールは有機的成長の促進に当てる経営資源を十分に持っていた。他社を買収して成長する企業もあるが、既存の経営資源を最大限活用できることは魅力的な戦略オプションであり、買収に必要な巨額の投資もいらない。さらに、ルブリゾールはすでに高成長が見込まれる分野で最先端のスキルを保有し、化石燃料が環境に与えるマイナスの影響を軽減・削減する技術を開発できることを確信していた。もはや石油会社や運輸業界に頼って、目の前に機会が与えられるのを待っているわけにはいかない。今後も成長を続けたいなら、自身がイノベーションの中心になるべきだ。同社は、自社の専門技術に集中して、環境面の解決策を生み出し、有機的成長を促す道を探そうと決意した。

二十世紀後半を通して、ルブリゾールは高学歴の優秀な研究員を豊富に擁し、新しい関連技術の発見に当たらせてきた。そして近年、化学エンジニアのデボラ・A・ランガーらが、これまで混ざりあわないと考えられていた石油と水を混ぜるという画期的な技術を開発し、特許を取得した。

水と燃料が混ざれば、燃焼プロセスから粒子状物質や窒素酸化物などの有害物質を取り除くことができる。問題は、ただ水をエンジンに注いで、うまく燃えるよう願うだけでは済まされず、それどころか、そんなことをすればエンジンの動きを妨げて、故障の原因となってしまうことだ。ランガーが見つけたのは、水分子を細かく分解してディーゼル燃料に混ぜるプロセスである。ディーゼルが燃焼すると、水も一緒に送りこまれ、十分な熱量を発生させながら有害物質を取り除くというこの技術は、非常に価値があった。

この新技術を活用して、同社はチームを立ち上げ、商品化というミッションを与えた。チームに参加したのは、リサーチマネジャーのロバート・T・グラフ博士、燃料と2サイクル添加物の担当技術マネジャーのダニエル・T・デリー博士、プリンシパル・リサーチ・サイエンティストのジョン・A・マリー博士、プリンシパル・エンジニアでエマルジョン燃料技術プロジェクト・マネジャーのランガーである。彼らが発見したのは、この機会におけるニーズを満たすには、優秀な科学者やエンジニア以上に強いパワーが必要だということだった。一〇〇年間甘んじてきたディーゼル汚染を環境に無害なものへと変えるためには、これまでとは異なる、より大規模なパワーが必要だったのだ。

商品開発者は自分たちが心地よく感じる範囲に商品を近づけることに専念しがちで、技術者は技術のみに傾倒し、技術志向の企業は「作ってしまえば、顧客はあとからついてくる」と思っていることが多い。この商品のメリットは明らかである。この新しい混合燃料を使えば公害を軽減できるし、エンジンを作り変える必要もないから、不都合は一つもない。

しかし企業はしばしば、その商品に影響を与える全ステークホルダーの異なる見解やニーズへの配慮を怠る。市場に受け入れてもらうときに困難が生じうることを考慮し忘れるのだ。ピートのように、単にディーゼルに水を混ぜてはいけないと教えられてきたエンドユーザーが障害となり、優れた商品でも現場で使ってもらえない可能性があることなどは考えもしない。

また、アントワネットのようなステークホルダーが存在することも忘れている。彼女が商品を歓迎し、子供を守るためにそれを採用するようバス会社や知人に働きかける可能性をうまく活かしきれていないのだ。

ルブリゾールは、歴史的にエンドユーザーや流通業者、社会の目を気にする必要がなく、眼中にあるのは、石油会社か、自動車・運輸機器メーカーという二つのステークホルダーのみだった。その状況からエンドユーザーを主要顧客に据えるためには、チームを方向転換させる必要があった。

PuriNOxの商品化には三つの難しい問題があったが、そのうちの二つは予期されたものだった。一つめは、燃料の必要量である。PuriNOxは、普通のディーゼル燃料に比べて一・二倍の量が必要だった。中心地に行かないと燃料が補給できないので、走行範囲が狭まるおそれがある。PuriNOxのメリットを思えば、走行範囲の減少というトレードオフはやむをえないようにも思われたが、この欠点があるせいで潜在顧客は新しい燃料にそれほど魅力を感じなかった。二つめの問題はコストである。水を油に混ぜ、大気汚染を軽減して環境に配慮する分、価格が高くなり、一つめの必要量が多いことも考慮すると、通常の燃料よりも二五％高くついた。しかし、環境保全に向けた企業への圧力が増加し、政府も公害対策技術を用いる企業には税制面で優遇措置をとっているので、この二つの問題は正当化できそうだった。

しかし、三つめの問題は、まったく見えていなかった。ピートをはじめとするエンドユーザーの反応である。水と油を混ぜた燃料は通常よりも白い液体になったが、ルブリゾールの化学エンジニアたちは、それを意に介さなかった。しかし、運転手やメンテナンスのスタッフは、乳白色の代替品に水が入っていることがわかると、予期せぬ強い反発を示したのだ。ある都市で市場テストを行ったところ、数人のバスの運転手が「タンクに水を入れろ」と命じられることをひどく嫌がり、タンクに小便をして抵抗した。そこで実際にＰｕｒｉＮＯｘを使ってエンジンがクリーンに燃焼することを見せることで、なんとか彼らをなだめることができた。こうして、ルブリゾールは多数のステークホルダーが実際に関わってくる商品の世界へと飛びこんだのである。

幸いにも、この問題は商品投入の初期に明らかになったため、同社はエンドユーザーに対してコミュニケーションや教育を行うことができた。最終的に、同社はテキサス州ヒューストン、カリフォルニア州ロサンジェルスやサクラメントなどの地域社会に、このイノベーションを導入することに成功した。国際的にも、イタリアのミラノ、ジェノバ、シチリアとともに、イギリスのロンドンでも、ＰｕｒｉＮＯｘの市場投入は成功した。

関連するステークホルダーを全て特定し、彼らのニーズ、ウォンツ、願望を考慮しながら信頼を高めていくことが重要である。

パワーズ・オブ・テン分析

直接的、間接的なステークホルダーの影響を理解する鍵は、最小《ミクロ》から最大《マクロ》までの観点で、商品の採用をめぐる力関係を把握することだ。それぞれの観点で影響を受けるステークホルダーを特定し、その見解に基づいて商品のインパクトを理解する。

我々は、商品のコンテキストに沿って、こうした幅広いステークホルダーを特定する技術を開発した。それは、「パワーズ・オブ・テン」分析と呼ぶものである。これは、チャールズとレイ・イームズ夫妻が作った映画の題名からとったものだ。夫妻は二十世紀で最も影響力のあるデザイナーに数えられており、彼らが五十年前にデザインした家具は、飛行機の座席から有名なイームズ・ラウンジ・チェアにいたるまで、今日でも高く評価されている。また、彼らはポラロイドやＩＢＭをはじめとする、さまざまな企業のために一二〇作品以上の映画を製作した。

「パワーズ・オブ・テン」は一九七七年にＩＢＭの依頼で、メートル法の可能性を強調する社内プレゼンテーション用に作られたものだ。この映画は、我々が知っている宇宙を八分四十七秒で要約している。最小の粒子から最大の銀河にいたるまで、十の累乗を用いて同じ視点を拡大・縮小するたびに見えるものが変化する様を描いている。映画は、シカゴのソルジャー・フィールドの隣の公園にピクニックに来て、寝そべっているカップルのシーンから始まる。カメラは十秒ごとにズームして、目に映る光景が拡大していく。最初はカップル、そして公園、シカゴ地域、五大湖、国、世界、太陽系へと変化する。光年の距離から地球を見せて、銀河系の外側までシーンは続く。宇宙というマクロの視点を示したカメラは、十の二十四乗で止まる。

そこから、カメラは素早く十の累乗を逆戻りして、ピクニックに来た男が腹の上に置いた手が映し出される。映画はゆっくりと、十秒ごとに視界を狭めていく。最初は、手の皮膚、その内部の細胞の層、中性子や陽子などの分子、そして、十のマイナス十六乗まで進み、当時知られていた最小の粒子である原子核を映し出す。

この鮮明な映画は、地球上の場所から宇宙の観点を素早く示し、我々自身が置かれている状況や宇宙における役割について疑問を提起する。これらの疑問は通常、声に出してみることも、じっくり考えることもほとんどない。同様に、科学者はしばしば、自分自身のパズルの小片に集中し、原子構造の背後にある物理学や力学のみを理解しようとする。技術者は化学反応を引き起こす原因となる機械や部品にのみ焦点を当てる。

一方、常に成功する商品開発者は、分子や機械のレベルで商品を理解するだけでなく、利用者やその他の関係者への影響についても理解し、ステークホルダーと商品の使用という文脈で、ミクロからマクロまで、パワーズ・オブ・テン分析を行っている。彼らは、どこに戦略的な優位性があり、どこに潜在的な落とし穴があるかの予想に、パワーズ・オブ・テン分析を役立てているのだ。

パワーズ・オブ・テンを活用する

ルブリゾールが商品をパワーズ・オブ・テンの観点で捉え、影響を受けるステークホルダーを理解できるように、我々はPuri・NOxの技術をベースとした新しいプラントの開発に協力した。水を油に混ぜる技術自体は同じだが、それ以外に、燃料の供給システムにもイノベーションが求められていた。

この技術の問題は、燃料に混ぜこんだ水を攪拌《かくはん》しないと、サスペンション内でごくわずかな時間しかその状態を保てないことだった。ディーゼル車の場合は、混合燃料を別の場所で混ぜてから燃料ステーションに届ければいい。だが、より大きなプラントでは、燃焼の直前にその場でディーゼル燃料と水を混合する必要があった。そのため、改良された燃料の供給方法はPuri・NOxと大きく異なり、新たな仕組みを開発しなければならなかった。ルブリゾールではこの新商品を、エマルジファイド・ヒーティング・フューエル（EHF）と名づけた。

パワーズ・オブ・テン❶ 分子

Puri・NOxの技術の最もミクロな視点は、分子レベルの化学反応で、油のなかで分離しない水の分子を作ることだった。水を非常に微小な水滴に分解し、燃料の分子に分散させることで、水はディーゼル燃料のなかで定着した。もちろん、そうした化学反応に注目していたのは、その技術を実際に発明したルブリゾールの技術者たちだったが、他にも注目する人々がいた。その技術に投資を行い、商業的な成功を思い描いているルブリゾールの経営陣などだ。

先述したように、ルブリゾールは歴史的に、マーケット重視の企業ではなかった。科学的なイノベーションや技術開発を原動力とし、マーケティングやブランド・アイデンティティは後手に回されてきた。だが、ＰｕｒｉＮＯｘやＥＨＦの場合は、従来のアプローチを変えなくてはならない。これらの素晴らしいイノベーションを宣伝するために、同社は広告代理店を雇った。

しかし、広告代理店はミクロレベルの分子を商品として宣伝することに慣れておらず、ルブリゾールは宣伝そのものに慣れていなかった。最初の問題が起きたのは、広告代理店が、ディーゼル燃料に水を混合させる化学反応の際に水滴の周囲に形成される分子を見ていたときである。広告代理店の反応は、新しい分子構造は、初期の性教育の映画で見た精子と卵子の受精のようだというものだった。水滴を含んだ小さな分子が、精子の細胞のように見えるというのだ。広告が誘発しかねない冗談を懸念した保守的な上層部や広告代理店は、この分子のビジュアル表現を変更することにし、最終的に、中央がチョコレートで、二層めがキャラメルで、外はチョコレートでコーティングされたキャンディのような作品を作った。

もちろん、化学者と発明者は、自分たちのイノベーティブな分子化合物が、新手のジャンクフードのように見えることを喜ばなかった。これが、パワーズ・オブ・テンの最初の課題だった。もう一つの課題は、分子構造や化学反応に関して、あまりにも詳しく表現しすぎているのではないかという懸念だった。多くを説明すれば、ルブリゾールは貴重な企業機密を公開することになりかねないからだ。

だが、広告会社と技術者がやるべきだったのは、分子の外観がどうかではなく、イノベーションに基づくインサイトについて話しあうことだったのだ。パワーズ・オブ・テン分析からの答えは、分子のビジュアル表現を変更することではなく、イノベーションやその潜在的な影響を検討することだった。

パワーズ・オブ・テン❷ 混合

分解された水の分子を油にうまく定着させるためには、エンジニアと、この商品の成功に影響を与える関係者の一人である供給業者をできるかぎり参加させて、特別な機械を作らなくてはならなかった。

その一方で、このことは、商品や企業としてのブランド・アイデンティティを構築する新しい機会やニーズについて考える、パワーズ・オブ・テンの第三レベルを先取りするチャンスでもあった。どのような形で混合するべきか。プラントで混合されるプロセスをまったく見えなくするのか。それとも、機械のなかではっきりと見せるのか。

そして後者であることが決まると、新たな混合装置の開発が必要となった。当初の計画では、これまでのように、商品や企業名を覆い隠す灰色の箱を用いる予定だったが、パワーズ・オブ・テン分析により、この混合装置が視覚的なブランド・アイデンティティを確立し、装置やなかのユニークな商品に注目させる機会にもなることが判明した。

分解された水の分子が油のなかで浮遊できるのは永久的というわけではなく、実際には、混ぜないと底に溜まってしまった。したがって新しいプラントが目指したのは、バーナーに送るときだけ燃料を混合する装置を作ることだった。そしてこの時点で、EHFに関心を持ってもらう必要がある人が大勢になった。

パワーズ・オブ・テン❸
混合装置

ルブリゾールの主要顧客は、工場のマネジャーや燃料に関する意思決定者である購買担当者である。ルブリゾールは常にこれらの主要顧客の関心事に気を配ってきた。しかしその他にも、ボイラーや新しい混合装置のメンテナンスの担当者が存在していた。担当者たちが日常業務に新商品を組みこめるかどうかは、この商品の長期的な成功を左右する。では、メンテナンス担当者はどんな反応をするか。

工場内の数個のボイラーのメンテナンスを担当しているエリックの例で考えてみよう。彼はどんな反応をするだろうか。商品の捉え方の一つは、改良を加えなくても現在のボイラーで燃やせるというものだ。であれば、ルブリゾールがとりうる一つの方法は、プラントの一つのボイラーでEHFを試してもらうことである。そうすれば彼らは燃焼と排出の様子を観察できる。それを見て気に入らなければ、従来のやり方に戻ればいい。

あるいはエリックは、装置のメンテナンスの仕事がまた一つ増えると思うかもしれない。では、さほどメンテナンスの手間がかからず、週七日二十四時間いつでもルブリゾールのサポートを利用できればどうだろうか。こうして、同社はエリックのようなメンテナンス担当者の懸念を想定して、曜日や時間を問わずいつでも利用できるサポート・プログラムを用意した。

ステークホルダーは、それぞれの目標、ニーズ、エゴ、視点を持った現実の人々である。したがって、パワーズ・オブ・テン分析では、ステークホルダーの詳しい描写を行い、シナリオを作って、ステークホルダーが新商品の進展にどう役立ち、どう阻害するかといったインサイトを明らかにする。そして、ステークホルダーのニーズを予想することは、もちろん商品デザインそのものにも影響するのだ。

パワーズ・オブ・テン④
システム・オペレーション

パワーズ・オブ・テンの次のレベルは、新しい混合装置を含むプラントのシステム・オペレーションに関する分析だ。ここで、新しい装置用のスペースを確保する設備プランナーと、燃料を燃やすボイラーの管理者が関係してくる。ふたたび、こうした人々についても検討が必要になってくるが、その際にもパワーズ・オブ・テン分析が役立つ。彼らは敵か味方か。味方なら、彼らを強みにできないだろうか。

スティーブの例で考えてみよう。スティーブは組合員で、二十年間ボイラーのオペレーターを務めてきた。彼はボイラーの仕事にかけては有能だと自負している。燃料の組み合わせを最適な状態で管理することに自信があるし、品質の異なる燃料に対してボイラーがどう反応するかを正確に知っている。

スティーブにとって、ＥＨＦへの切り替えは、これまでの知識の喪失と、その燃料を管理するために配合の割合や特徴を新たに学習しなくてはならないことを意味する。最適な混合状態にするためのツールは同じものでも、効率は悪くなるだろう。また、混合装置は彼の持ち場に設置されるので、その管理という新たな仕事が日常業務に加わることにもなる。

経営陣は、新しい燃料はよりクリーンに燃焼し、効率も良いと説明するかもしれないが、スティーブは家族や友人に、なぜ同じ成果を得るのに、以前よりもたくさん燃料を燃やさないといけないのか、その理由をうまく説明できないかもしれない（先述した通り、水を加えるので量が増え、同じ力を出すために多くの燃料が必要になる。ただし、ディーゼルの量が増えるわけではない）。また、スティーブの同僚はどうだろうか。彼らは偏見を持っていないだろうか。この変更を不満に思い、新しい燃料の受け入れに重大な影響を与えるような要求をしてこないとも限らない。工場のマネジャーの命令に従ってみるものの、新商品への切り替えで頭を悩ましたり、問題を抱えたりしたくはないと彼は思っている。

スティーブやエリックの懸念への一つの対応は、工場のマネジャーだけに売りこむのではなく、担当者たちにも商品のメリットと使用法を教えることだ。そうすれば最初から、オペレーターやメンテナンス担当者は、その新商品が目指しているものや、プロセスを変更する真の目的について理解するだろう。さらに教育は、新商品がそれほど奇異なものではなく、親しめるものだと認識してもらうための一助となる。思い出してほしい。この新しい白い物質は、石油関連商品のようには見えない。課題は、その白い色を商品のブランド・アイデンティティを確立する際の強みとして使うことである。

パワーズ・オブ・テン❺

コミュニティ

広範に及ぶステークホルダーのことをまったく考慮していなければ、多くの企業はこの辺で二の足を踏むだろう。しかし、まだまだ考えるべきことはある。プラントは粒子状物質や窒素酸化物の排出物を生み出すが、このことはプラントの周囲の住人、町の公害問題に対応する政治家、さらには、そのプラントが作ったガソリンを売るガソリンスタンドにも影響を与える。

こうしたステークホルダーは商品の成功に害を及ぼすのか。企業にとって有利な働き方をしてくれるのか。そもそも彼らはプラントからどれだけ多くの汚染物質が発生しているか知っているだろうか。もし自分たちが吸いこむ空気がきれいになるとしたら、ＥＨＦで作った燃料に追加の料金を払おうとするだろうか。ここでの分析は、非常に遠いステークホルダーの存在を示すだけでなく、**政治や一般大衆への見え方が商品の成功にどう影響するかを示唆する。**

フェリシアを例にとろう。彼女はボストンの高校で化学の教師をしていて、子供が一人いる。彼女は環境問題に高い関心を持っている。自動車は町の公害の原因だと信じている彼女は、きれいな環境づくりに貢献しようと、公共の交通機関で通勤している。

フェリシアはボストンの環境問題に関する新聞の切り抜きを授業に持っていき、生徒たちにも記事を持ってくるように告げた。最近、ボストン・グローブ紙で、窒素酸化物による汚染と煤塵の問題を知った彼女は、クラスで公害について話しあうことにしたのだ。自動車以外に、工場も汚染物質の大きな原因であることがわかった。しかし空気を浄化し、公害を減らすには金がかかる。彼女は生徒たちに、きれいな空気のために、余分に金を払うかどうかを自ら判断するように促した。また、地域内のプラントの経営者だけでなく、国会議員や政府の役人にも、公害削減の取り組みへのサポートを求める手紙を書くようにと、生徒たちに言った。

フェリシアや同様の意見を持つ人々は、地域内のプラントから影響を受けるだけでなく、逆に影響を及ぼす可能性も持っている。パワーズ・オブ・テン分析により明らかにされるこうしたことは、ステークホルダー分析において無視することのできない、重要な一部なのだ。

パワーズ・オブ・テン⑥ 地域

分析が進むにつれて、その影響範囲も広がり、政治的な意思決定のレベルにいたることも多い。ニューイングランド地域のシナリオを考えるなら、その地域の政治家や環境団体、さらにニューイングランドから流れ出てくる空気を吸う可能性がある近隣地域もステークホルダーである。

州知事は、異なるタイプの燃料を使うだけで空気がきれいになるなら、それを使いたいと思うだろうか。あるいは、公害を調査する政策立案者と手を組んでもよいかもしれない。こうした組織の一つに、北東部州大気利用管理機構（NESCAUM）がある。こうした組織の政策立案者の関心を引くことができれば、コストが高いEHF商品に対して政府の助成金が出たり、さらには、その利用を義務づける可能性もある。

フェリシア自身には小さな力しかないが、大きな影響力を持つ人物、たとえばディオンと接点があるかもしれない。ディオンは、ＮＥＳＣＡＵＭの大気の品質管理担当エグゼクティブ・ディレクターだ。彼は環境政治学で博士号を持ち、組織の出世階段を昇ってきた。彼の主な責務は、北東部地域の規制案を作成することだ。彼は皆のためにどんなことでも一生懸命取り組み、同僚からも尊敬されている。政治的な策略を用いず、自分の理想に忠実である。

ディオンは最近、クリーンな代替燃料としてＥＨＦのことを知った。彼は工場との緊密な付きあいから、代替品は総じて高くつくものだと理解していたが、このオプションは従来の機械を交換したり改良を加えたりする必要がなく、先行投資が少ない。窒素酸化物や煤塵の問題の軽減にも効果があり、即効性もある。

通常、新しい燃料への切り替えはかなり時間がかかったり、それ自身が政治や環境の問題を内包したりするものだが、化石燃料の拡大を即時に解決するこのオプションは魅力的だ。もっと効果的な装置を備えたプラントを建設することも一つの選択肢だが、大きな先行投資と時間が必要だ。ディオンはＥＨＦの購入コストと他の大気浄化手段を比較しながら、大きな観点で物事を捉えている。彼は高公害エリアでの窒素酸化物の信用取引の可能性を検討し、ＥＨＦのコストをさらに削減するために委員会を設置するつもりである。

パワーズ・オブ・テン⑦
大陸

次のレベルは大陸である。ここでの論点は、ある国の大気が他の国にも影響する以上、より大きな地域で大気の品質を改善するために、販売量の増加が見込めるかもしれないことだ。

パワーズ・オブ・テン⑧
グローバル環境

　最後に、最大のレベルはグローバル環境である。人類に深刻な影響を与える地球温暖化やオゾン層の破壊といった問題に対し、低コストの解決策が模索されている。世界は、こうした人類に対する脅威に対処する手段として、ＥＨＦを受け入れるだろうか。こうした大胆な考え方を、商品を発明した化学者やエンジニア、その商品化を後押しした経営陣は、夢にも思わないものだ。

リアルな人物像を描き出す

　パワーズ・オブ・テン分析では、ステークホルダーを特定する。そして、ステークホルダーそれぞれについてシナリオを作成すると、必要なインサイトや理解が得られる。それぞれのプロフィールをシナリオに描き出すことで、商品開発者は彼らの反応が予想できるようになる。彼らを現実の人間として考慮に入れながら、デザインできるようになるのだ。

　また、プラスやマイナスの影響と、マイナスを軽減するためにどう商品デザインを変えればいいいか、といったことを考える際にも有用だ。商品デザインには、商品やそれを支えるサービスのコミュニケーション・デザインも含まれる。同様に、サービス・デザインには、それを支える商品のデザインも含まれる。パワーズ・オブ・テン分析は、商品の特徴をミクロレベルで変更すると、商品そのもの以外にどんな波及効果があるか、その商品に接した人々の経験にどんな影響を与えるかについて、商品開発者の理解を促進する。

この分析からの重要な教訓は、優秀な商品開発者は皆、多数のステークホルダーと、それぞれが商品やサービスを使用する際の経験に関するシナリオを検討していることである。プロセスの初期段階で全ステークホルダーの反応を検討することで、商品開発者は市場投入後に慌てて対応するのではなく、商品そのものの潜在的な欠陥に対する解決策を事前に準備できる。待っているだけでは、商品に対するマイナスの評価が口コミとなったり、商品デザインや設備の変更、再製品化に多大なコストがかかったりするだけだ。もちろん、これらは全て決算書の最終利益に重大な影響を及ぼす。

いつも興味深く思うのだが、自社に対して限定的な見方しかしない企業は非常に多い。大小さまざまなレベルで自社を捉えたり、自社の強みや弱みを理解したりすることができないのだ。商品や自社についてのパワーズ・オブ・テン分析は、全ての企業が行うべきである。そうすれば、商品開発チームは皆、全ての新商品の主旨を理解し再評価できるようになる。

ルブリゾールは、有機的成長にエネルギーを注ぐことに方向転換するにつれて、自社の流体技術を用いて、世界をより良い場所にするために尽力するようになった。その一つの方法が、ＰｕｒｉＮＯｘやＥＨＦのような技術の利用である。ルブリゾールには化石燃料という分野を超えるビジョンがあるが、まずはその専門性を新たな成長促進に活かしている。Ｒ＆Ｄ誌は、ルブリゾールと開発パートナーのキャタピラーを、二〇〇一年の重要な技術的ブレイクスルーをもたらした一〇〇社の一つに選んだ。その賞はPur・iNOxと新しい企業文化の始まりを讃えるものであり、ルブリゾールは人々の生活の質を大きく変える技術だと認められたことを特に喜んだ。

EHFやPur・iNOxはもとより、燃料のような突出した業界でパラダイムシフトを起こすには、成功の可能性を、確信できるまで慎重に吟味する必要がある。そして、価値重視の商品開発プロセスとともに、パワーズ・オブ・テン分析を行うことで、成功の可能性は最大化しうる。Pur・iNOxとEHFの事業計画立案者で、ルブリゾールのコマーシャル・ディベロップメント事業担当マネジャーのポール・バザールは、パワーズ・オブ・テン分析について次のように述べている。

「全プレイヤー、そして全ステークホルダーを把握し、当社が実施しようとしていることをミクロとマクロのレベルから理解するという考え方は現在、新しいコンセプト開発のプロセス全体において非常に重要になっている」

7

B2B製品をデザインする

法人向けビジネス（B2B）に携わる人々は、イノベーションは消費者が主導するものであり、自社には関係の薄いものだと考えがちである。彼らの主要顧客は、ライフスタイルや願望よりも、価格と機能を重視してきたからだ。しかし、機能が充足されて価格競争が激化すれば、利幅は薄くなる。コモディティ化が成長を阻害するのだ。だからこそ、イノベーションのパワーを認める必要がある。いまやB2Bの製品やサービスにも、高付加価値のユーザー経験が求められている。単なる研究開発ではなく、経験価値を重視した戦略が必要となっているのだ。

二

ジョージャージー州トレントン市。ジョーイと彼のチームは夜どおし仕事をしていた。作業は十二時間かかる。日中は、別の作業員が、老朽化した下水管を新しいものに取り替え、夜間は、ジョーイたちが本管と家々を結ぶ管（ラテラル）を開通させるのだ。

先進国の主要都市の下水道は、設置から五十年以上を経て老朽化し、修理を要するものが少なくない。下水管は一般に直径二十センチほどで、人間は中に入れない。そのため昔は、道を掘削して管を交換していたが、コストが高く、住民の不満も大きかった。

そこで、下水管に差し入れて操作する工具が開発された。ラテラルを本管まで通し、その工具で先端部を切り落として開通させるのだが、この操作はほとんど手作業だ。本管とラテラルがつながる場所を地図に明記し、小型カメラと切断機を下水管に差しこみ、ジョーイのような技術者がモニター映像を見ながら切断機を操作する。この技能の習得には長年の経験が必要だが、作業を成功させるためには不可欠だ。

この方法にはデメリットもある。第一に、ラテラル切断の専門家の人件費が非常に高いこと。第二に、この特殊技能を要する作業に十二時間もかかり、工事全体のスピードのボトルネック（制約条件）となること。

ジョーイは切断技術の熟練労働者だ。しばしば夜どおし作業するが、それに見合う給料を得ている。経営者のジムは、ジョーイの代わりが見つからないので、彼が転職しないよう厚遇せざるをえない。ジョーイにも、自分の競争相手を育てようという気はない。ジムは、しばしば睡眠時間を削って作業に立ち会う。作業が滞れば大損するからだ。

遠隔操作でラテラルを切断する技術が発明されたとき、誰もが完璧な方法だと考えた。ジムがこの事業を買収したとき、修理すべき下水管はたくさんあり、とても儲かる事業だと予想できたし、ラテラルの切断もそれほど大変な作業とは思っていなかった。

実際は、収益の大半がジョーイたちの高額な人件費で消え、切断機は頻繁に故障し、修理コストもかさむ。結局、それほど収益性の高い事業ではないのだ。ジムは、もっとよい作業方法があればと願っている。

最後のフロンティア

どの業界でも、人々は「完璧な製品」や「完璧な環境」というファンタジーを期待している。作業に当たる労働者も、夜眠れないマネジャーも、夫がもっと早く帰宅してほしいと願う妻や子供たちも、そう感じているだろう。ファンタジーは現実との葛藤のなかにある。ジョーイは普通の時間帯に働きたいと思っているし、ジムはラテラルの切断作業ができる人が三人もいれば、個々の報酬を減らしてコストを削減できると思っている。

注目すべきは、ファンタジーや経験価値が、現在ではB2Bの製品やサービスにも求められていることだ。ファンタジー経済は、家庭だけでなく職場にも広がっている。

研究用機器メーカーのビスタラブズで製品開発担当バイスプレジデントを務めるジェフ・カルホーンは、産業用製品は製品開発の「最後のフロンティア（未開拓分野）」だという。B2Bの製品は概して良いデザインや使用経験への配慮が乏しく、ユーザーとのつながりも希薄だ。この機能的だが魅力のない技術という荒野を、経験価値やファンタジーのオアシスへと変えること。それが今後のB2Bビジネスにおける重要課題である。

産業技術の多くは、大量生産してコストを削減するというコモディティの発想でデザインされている。ボルトはボルトにすぎないから、メーカーは安く作ってなるべく多く売ろうとする。しかし、人間工学に則した使いやすいボルトをデザインしたり、ボルトにカラーコードをつけてサイズの識別を容易にするといったイノベーションにより、企業としてのブランド・アイデンティを築くことができるとしたら、どうだろう。その企業は、他社がコスト削減に懸命になっているのを尻目に、利益成長を果たせるに違いない。優れた形状や機能的なデザインは、企業とユーザーの双方に価値を創造するのだ。

B2Bのファンタジー

ファンタジーを実現している産業財やB2B製品の例は、すでにたくさんある。

農業の例を考えてみよう。作業台と折り畳み式の梯子が組みこまれ、簡単にパネルを開けて整備できるなど、メンテナンスしやすいようにデザインされた農耕用コンバインを見たことがあるだろうか。業界内で最も洗練されたエレクトロニクス技術を搭載し、土地の状態に応じて動きを変えるだけでなく、石を見つけて取り除くシステムがついている。しかも外観も優れ、運転が楽しそうに見え、座り心地もよく、最先端のライトとGPS（グローバル・ポジショニング・システム）が付いているコンバインだ。

ニューホーランド[★1]が、米国とベルギーのエンジニア・チームと、インテグレイテッド・ビジョンの産業デザイナー、ラッセル・ストロングを起用して開発し、「CR」と命名されたそのコンバインは、IDSA（米国産業デザイナー協会）とビジネスウィーク誌が主催する二〇〇二年

★1 New Holland
http://www.newholland.com/

ゴールド・ビジネス・アンド・インダストリアル・プロダクト・アイデア賞をはじめ、世界中で数々の賞を受賞している。

次は工業の事例だ。作業員がレバーを少し動かすだけで工具の解除や切り替えができ、再度動かすと、選んだ工具が所定の位置に設置される工作機械がある。レンチで一つ一つボルトを緩めて交換しては締め直すという作業とは雲泥の差だ。カーネギーメロン大学の学生がケナメタルのブレイクスルー・テクノロジー・グループのポール・プリチャードらと共同開発した、この人間工学に基づくレバーは、従来の退屈な仕事や業界の慣習を一変させるかもしれない。

また、最先端技術の情報だけでなく、新素材や新技術のサンプルもついた実用的な情報誌があったらどんなに便利だろう。インベンタブルが発行する技術情報誌を購読すると、三カ月ごとにデジタルエイドと呼ばれる先端技術のキットが自宅に送付される。実際に触れながら製品開発の最新情報をキャッチアップできるのだ。ともに大学の学長を務めるザック・キャプランとキース・シャクトが創業したインベンタブルは、いまや技術的なイノベーションに欠かせない存在となった。情報誌の主目的は製品開発における有益な情報の提供だが、学習効果を高めるために送られる技術キットは、企業内研修の教材として幅広く活用されている。

最後の例は呼吸マスクだ。危険を伴う職場環境では、作業員は呼吸マスクを着用しなくてはならない。問題は、マスクの着け心地が悪いため、健康や安全のための着用ルールを破る作業員が多いことだ。では、仕事中だけでなく休憩中も気にならないような快適なマスクがあればどうだろうか。エアロ・カンパニーの依頼により、インサイト・プロダクトのエリザベス・

ルイスと彼女のチームはそんな呼吸マスクをデザインし、ブロンズ・アイデア賞を受賞した。このマスクについては、第11章で詳しく取りあげる。

乗り心地がよくスタイリッシュなコンバイン、すばやく切り替えられる工作機器、技術キットつきの情報誌、快適な呼吸マスク。これらの製品は、ハリー・ポッターのクィディッチ、トレックの自転車、OXOのサラダ・スピナー、スターバックスのカラメル入りノンファット・ダブル・ラテなどと同様、ファンタジーを実現する形状と機能の実例である。ここでいう**「ファンタジー」とは、既存製品では考えられなかった、高付加価値のユーザー経験だ。**

レッドゾーン・ロボティクス——倒産からの再生

産業技術に関するビジネスは、単発のプロジェクトとして行われることが多い。コストを抑制しつつ機能的に必要なものを作ることがプロジェクトの目標だ。技術力が試される単独のプロジェクトは、開発チームにとって満足感を得られる仕事である。

しかし、ほとんどの場合、こうした単発プロジェクトはブランド・アイデンティティやエンドユーザーとの接点を持たず、使用経験に配慮した価値提案を行うにはいたらない。プロジェクト志向の企業は、新規プロジェクトを獲得したいという恒常的なニーズと、納期に間に合うように人材と経営資源をやりくりしたいという社内のニーズを抱えて四苦八苦し、何の資産も築けずにいる。スキルはあるが、継続的に収入を生み出す仕組みができていないのだ。そうならないためには、単発ではなく再現性のある事業を行い、再生産や量産が可能な製品やサービスを開発することが必要だ。

これをうまく行った企業が、レッドゾーン・ロボティクスだ。[★1] かつてカスタムのロボット・プロジェクトを行っていた同社は、本章の冒頭で触れた、下水管工事の問題を抱えるジムを救ってくれる企業へと生まれ変わった。

カーネギーメロン大学で開発されたロボット技術をもとに、一九八七年に創立されたレッドゾーンは、二〇〇二年に米連法破産法十一条の適用を申請した。同社は高い技術力を持ち、破産する前には、人間が行くことのできない場所での作業用ロボットを開発して注目を浴びていた。たとえば、チェルノブイリやスリーマイル島を清掃するためのロボットなどだ。しかし、いくら技術が最先端でも、単発プロジェクト中心のビジネスモデルではうまくいかなかったのである。

破産法の手続きの最中に同社を買収したのが、現CEOのエリック・クロスらの投資家である。倒産企業を買って収益性の高い企業に変える、経営再建のスペシャリストであるクロスは「倒産が大好きだ」と語る。倒産企業のなかには、しばしば「掘り出し物」があるという。新たな事業を始める場合、新会社を立ち上げれば、インフラ整備に巨額の資金がかかるし、ゼロからの技術開発や顧客の獲得も困難である。だが、倒産した企業は、これらの最初のハードルをクリアしており、収益の流れを作れなかったとはいえ、技術力はあるし、技術開発のための

★1 RedZone Robotics
http://www.redzone.com/

設備や装置も持っている。また多くの場合、その企業を支持する顧客もいる。供給業者も取引維持に前向きで、新しい経営陣が事業再建に取り組むことを歓迎する。

二〇〇三年六月にレッドゾーンを買収し、社長兼CEOに就任したクロスにとって、大きな課題は、レッドゾーンをプロジェクトベースから製品ベースの企業に変えることだった。どうすれば、優れた技術基盤を活かして、量産ではなくても再利用できる組立型の製品を作ることができるのか。

まず彼は、トレンドをつかむためにSET要因を調査し、米国の下水管工事には一二〇〇〜二〇〇〇億ドル規模のビジネスチャンスがあることを発見した（さらに世界に目を向けると、発展途上国ではその二倍の規模になる）。米国だけで一〇〇キロメートル以上の下水管があり、その大半が設置から五十年以上経っていた。劣化したコンクリート製の管はひび割れを起こすようになる。下水が漏れ出せば、川は汚染される。全ての下水管を修理するには今後四十年はかかると見られていたが、これはロボット技術にとって大きなチャンスだ。この巨大な、未開拓の市場をねらうべきではないだろうか。

新事業の可能性に目を向ける一方で、従業員の問題にも対処しなくてはならなかった。多くの社員が不満を持ち、士気は低下している。コスト削減により消極的な文化が形成され、閉塞感が生まれていた。こうした社員は、往々にして、能力はあってもチームプレイヤーではない。彼らを元気づけ、仕事への情熱を高めるには、どうすればいいのか。

レッドゾーンにとって、「未開拓市場にインパクトをもたらす」「従業員のやる気を促し、同じ新たな方向に集中させる」という二つの挑戦は、企業のビジョンとロボット製品のファンタジーを結びつけられるかどうかにかかっていた。クロスは、サービス、性能、インターフェースの全てにおいて、現在の業界基準を打破し、ファンタジーを実現する製品を目指した。ファンタジーを生み出すことこそが、ジムのような工事業者に既存の工具を捨てて新製品を買ってもらう唯一の方法であり、また士気の低下したレッドゾーンの社員に夢を与え、活力を蘇らせるために必要なことだった。

三つの戦略

専門的なユーザーの従来の経験を超えるほどファンタジックな製品をデザインするには、研究開発だけでなく、綿密な戦略プランも必要だ。戦略プランには三つの要素がある。一つめが、ステークホルダーを特定し、彼らのニーズや願望を理解すること。二つめは、ライフサイクルを通じて、利用者やステークホルダーとのインタラクションをサポートする一貫した製品戦略。三つめが、企業としてのブランドを確立し、製品と顧客をそれに合わせていく全社戦略である。

戦略❶ ステークホルダーを特定し、理解する

クロスは、前章で紹介したパワーズ・オブ・テン分析を用いて、ステークホルダーの特定と理解を試みた結果、製品機能のあらゆるレベルを可視化し、レベルごとにステークホルダーを把握することができた。ステークホルダーには、ジムのような工事業者やジョーイのような作業員だけでなく、下水管の安全性をチェックする検査員、土木政策を立案する役人、作業プロセスに影響を与える家主、税金納入者なども含まれていた。

それら各々についてシナリオを作成し、全ステークホルダーを実在の人物として具体的に捉えた。その結果、使い勝手がよく、使用方法の習得も簡単で、現場で修理しやすい製品が求められていることが改めて明らかになった。検査員のためのレポート作成機能にもニーズがあることがわかった。また、特に重要なのは、個々のステークホルダーによって求める製品のレベルが異なることがわかり、それぞれのニーズを明確に把握できたことである。パワーズ・オブ・テン分析とシナリオにより、クロスは製品と企業が向かうべき方向性を見出した。

戦略❷ 製品戦略を立案する

次のステップは、製品そのものをミクロレベルで分析し、緻密な製品開発戦略を立てることだ。レッドゾーンの長期的な製品戦略は、さまざまな仕事をこなす下水工事用ロボットを作るというものだった。しかし工具の多目的化を図れば、個々のタスクの正確な処理とのあいだにトレードオフが生じる。下水管の修理に必要なタスクの数が、たとえば六つ――「本管の状態を検査

する」「本管から石を除去する」「管を敷く」「本管と他の管の接合箇所を確認する」「ラテラルを切除する」「接合部分を塗り固める」——だとすると、最も簡単な製品アプローチは、個々のタスクのためにデザインされた独立の機械を複数作ることだが、それでは顧客が一つ一つ機械を購入し、個別に設置やメンテナンスを行わなくてはならない。その対極として、一つの製品で全てのタスクをやり遂げるというアプローチもあるが、そんな万能の機械は夢物語に近い。

レッドゾーンが見つけた解決策は、シンプルで強力なベースマシンを作り、それをプラットフォームとして複数のモジュールを組みこむ方法だった。個々のタスクを行うためのモジュールを搭載したプラットフォームが下水管のなかを進み、所定の位置に来ると一つのモジュールがプラットフォームから分離して作業を行い、その後、次のモジュールが別のタスクを行う。

一つのプラットフォームと複数のモジュールをデザインするというこの製品戦略は、製品開発チームに多くの課題をつきつけた。まず、全てのモジュールをプラットフォームにつなげるインターフェースをデザインしなくてはならない。また、各モジュールの要求に応えられるように、プラットフォームに持たせるべき能力を全て把握しなければならない。さらに、モジュールの物理的なインターフェースはわかりやすく、使いやすいものにする。モジュール変更作業には作業員の訓練が不可欠なので、トレーニングを意識してデザインする。タスクを実施する際、プラットフォームとモジュールを個別あるいは同時に、簡単に操作できるようにする。プラットフォームはモジュールと一緒に持ち運ぶことができ、マンホールから本管までの操作や、下水道からの離脱も簡単にできるようにする。掃除やメンテナンスも容易にする。少なくとも、現在利用可能な個別の機械と同じ正確性を持たせなければならない。こうした条件が一つでも欠ければ、製品としては成功しない。

また、どんな産業でも、従来の仕事のやり方を変えさせるには、コストと性能の両面でブレイクスルーが必要になる。レッドゾーンは、その両方に挑戦した。価格を下げ、ラテラル切断というタスクの実施速度を上げ、切断に関する品質を高め、そのタスクの実施に必要な技能レベルを下げると同時に、顧客の全体のコストも削減することを目指したのだ。開発チームは途方もない課題を与えられたのである。

やり遂げる唯一の方法は、クロスが買収時に手に入れた「お買い得品」の部分にあった。レッドゾーンは世界最高のロボット技術とノウハウを持ち、困難な課題を克服する新技術を創り出す力を持っていた。業界屈指の人材を擁し、他社には作れない機械を製造するという技術的な挑戦を何度も行い、成功してきた。とんでもない課題を与えられて不安を抱きながらも、チームには、この仕事をやり遂げる自信があった。

戦略❸ 全社戦略を立案する

クロスは、製品からもう一歩進んで企業としてのビジョンと方向性を示すために、企業そのものと製品開発に対する企業のアプローチについて、パワーズ・オブ・テン分析を行った。この自己評価により、製品が自社のミッションやブランドにどう関連しているかを理解できる。プロジェクトベースの思想に慣れた、産業財を供給する企業には、ブランド・ステートメントを持っていないところが多いが、有機的な成長プロセスへ転換する上でブランドはきわめて重要である。企業ブランドによって、おのずと製品ブランドの方向性も決まる。

全社戦略のステップでは、マクロレベルの分析を通じて、自社のカルチャーや製品に関して企業に求められるもの、社会・地域との関係、企業価値とブランドの特性を明確にする。また、個々の製品を作る上で必要となる経営資源の配分や、付随するサービスの開発、物流のパートナー企業との関係についての方針を確立する。そして、競合を見極め、その強みや脅威、自社の新技術に対して考えられる彼らの反応を把握する。

レッドゾーンの全社戦略を支えるのは継続的なイノベーションだ。継続的なイノベーションの流れを生むために、同社は最先端の製品開発プロセスを導入した。レッドゾーンは、我々の著書[★1]で詳しく説明されているポイントと、本書のイノベーション・プロセスを用いて、顧客ニーズに関するユーザー調査の結果をデザインに生かし、その評価をモニタリングする仕組みを開発した。これは技術主導型企業が製品ベースの企業になるために必要なステップだとクロスは信じていた。

全社戦略のもう一つの重要な部分は、コーポレート・アイデンティティ、すなわちブランドを構築することだ。B2Bビジネスでは、製品がブランドの主要な伝達者であり、製品のアイデンティティとコーポレート・アイデンティティは強く結びつく。クロスらは、プロセスの初期段階で色やキャッチコピー、製品名、ロゴに関して議論し、製品のアイデンティティと企業

★1 Cagan, J. and C. M. Vogel. *Creating Breakthrough Products: Innovation from Product Planning to Program Approval.* Financial Times Prentice Hall, Upper Saddle River, NJ, 2002.

としてのアイデンティティの関連づけを行った。「発明ではなくイノベーション」という教えに則って、同社はロボットの専門性を維持しつつも、単に最先端技術を開発するのではなく、市場のニーズに合った技術を提供することに専念した。**イノベーションや専門性、ユーザーの重要性は、あくまで製品によって表現することを目指したのだ。**

レッドゾーンは、下水管の中に置くロボットの色やデザインに細心の注意を払った。このロボットは下水管の外に長時間置かれ、人目に触れることになるからだ。産業財の展示会でも、このロボットは競合よりも目立ち、特別感を演出するだろう。

製品と人々の関係をどう築くかによって戦略の成否が左右されることを理解したクロスは、活気づいてきた新会社の最初の採用者として、産業デザイナーを雇い入れた。クロスは彼に、製品のカラースキーム、人間工学に基づくインターフェースだけでなく、ステークホルダーの特定とコミュニケーションについても考えるよう命じた。グローバルな市場をねらうレッドゾーンは、美しくシンプルで幾何学的なデザインを採用し、米国とヨーロッパの両方のバイヤーを惹きつけようとした。

製品にブランドメッセージをこめる

その結果、究極の産業製品が誕生した。「リノベーター」と名づけられたそのロボットは、下水管のサイズに合わせてデザインされた橇《そり》状のプラットフォームから離れて作動する。製品が置かれる環境（下水管）に即した機能上のニーズを反映した、円筒状の外観が、統一的な美観を生み出していた。底面の円筒状の滑材は上方向に曲がってハンドルとなり、運搬や設置に便利なデザインになっていた。重量、配置、容量は、作業員が操作しやすいように配慮が行き届いている。小型カメラも円形で、球状の部品と円形の開口レンズがつけられている。

　プラットフォームには複数の工具が収容され、メンテナンスや部品の交換をしやすくするため、ハンドルは全て一目でわかるよう色分けされている。ざらつきのある表面加工が施されており、滑りやすい状況でもしっかりと握れる。安全を確かめるセンサーとアラート機能もついている。ベーシックなアルミニウム仕上げとコントラストをなすように、レッドゾーンの名に因んだ赤いアルマイト部品が使われ、製品の美観を高めていた。この色調はパンフレットなどの印刷物にも使われた。機能性と外観の美しさは、製品と企業を象徴するブランドメッセージを創り出していた。

　ステークホルダー分析、全社戦略、製品戦略は見事に調和している。たとえば、このロボットによって作業員の生産性が向上するなら、ジムのような工事業者は喜んでさらに製品を購入するだろう。その結果、レッドゾーンのブランドエクイティが高まり、製品の成功によって開発チームは勢いづく。そして新たなエネルギーが、顧客ニーズに合った新たな製品を生み出す。一般の人々も、自分たちの税金が効率的に使われ、生活も邪魔されず、庭も掘り返されずにすむことを歓迎するだろう。環境団体は下水道が修理され、河川へ下水が漏れ出さなくなることを喜び、レッドゾーンの製品を標準とする新政策を求めて嘆願書を提出するかもしれない。

このロボットは、レッドゾーンの未来そのものだった。企業としてのブランドを確立し、この先行品のおかげで後続製品の市場投入が容易になったレッドゾーンは、現在も新製品の投入を続けている。同社は、戦略プランとステークホルダーの綿密な調査を踏まえて、製品の適用範囲を拡大した。今や、ラテラルの切断だけでなく、下水管工事の全ての主要工程において必要な機能を持つ製品に近づきつつあり、それが成功すれば、同社は市場を独占するだろう。

エリック・クロスには、大きなビジョンと、最初の製品で企業とブランドの確立をめざす勇気があった。企業としての良い印象を形成したり、ある産業にファンタジーを生み出したりする上で、セカンド・チャンスがめぐってくることは多くない。唯一かつ絶好のチャンスを、大きな課題を乗り越えて手中にしたのである。

第1章で取りあげた人々のように、クロスも新しいタイプのイノベーターだ。彼にとって、イノベーションとは「**市場に参入し、顧客ニーズを予想し、彼らの生活を向上させる製品やサービスをまとめあげる能力**」である。彼は製品を愛する技術畑の人間であり、そのアプローチは、消費財の製品開発手法を産業財に適用したものだ。このプロセスは、開発チームの人々の目を個々人の作業からチームの成果へと移行させ、メンバー間や顧客とのコミュニケーションをはかり、市場のニーズを理解しやすくする。また、ステークホルダー間のニーズの違いから葛藤が生じたとき、判断の指針にもなる。チームをまとめ、相互に補完したり、創造性を楽しむ文化を育てたりすることで、製品のイメージとの統一感がとれた企業を築くことができるのだ。

クロスは自分を現実主義者だと考えている。彼がデザインを受け入れ、我々が説明してきたイノベーション・プロセスを採用するのは、それがどの業界でもうまく機能すると考えているからだ。産業のフロンティアにおいて、このプロセスは、他社と一線を画して一歩前に出る、差別化されたビジネスモデルの確立を可能にするのだ。

下水道の作業員は、いまや薄暗い下水道に入りこまなくても、快適なキャビンにいながら、子供のころに遊んだビデオゲームと同じような感覚で、ハイテクロボットを使って楽しく作業することができる。優れた形状と機能は、素晴らしいユーザー経験だけでなく、より快適な職場環境というファンタジーを提供することにもなるのだ。

産業の未来を創る

下水道用ロボットから呼吸マスク、工作機械、農業用装置にいたるまで、どの事例においても、イノベーティブな企業は、自社がユーザーベースのデザインを受け入れなければ他社が導入することを理解している。我々は産業界のフロンティアの将来像を思い描きながら、イノベーションについて考えてきた。レイモンド・ローウィが一九三五年にデザインした最初のシアーズ・コールドスポットは、冷蔵庫を、裏庭に置く実用的な機械から、インテリアの特徴を備えたライフスタイル機器へと転換させた。これと同じく、産業のフロンティアは、人々が毎日の大半の時間を過ごす生活環境へと広がりつつある。良いデザインは、しばしば一般消費者の世界で見出され強調される。しかし、ファンタジーを創り出すデザインは、企業間取引の世界も含めて、人々が環境と接するあらゆる世界に存在する。

香港の企業は、地域政府や産業界の支援のもとで新たな戦略をとっている。サプライヤーからデザイナーへ、そして戦略立案者へ移行するという戦略だ。香港の多くの企業は、大きなグローバル企業へのサービス提供者になるか、ローエンドの消費者市場のなかでニッチ市場を見出してきた。彼らは自分たちの未来が、サプライヤーの発想を脱して、デザイナー、そして最終的には製品開発の将来を決める戦略立案者となれるかどうかにかかっていることを認識している。そして香港は、中国本土の珠江デルタの玄関口としての立地を活かし、中国の既存企業と新興企業が同じような戦略転換を図るのをサポートしようとしている。

サプライヤーは主にコストでしか戦えず、製品やサービスを購入する取引先企業に頭が上がらない。デザイナーとして独自製品を開発しても、その製品は往々にして現在の要求を満たすのみで、トレンドを作ることはできない。日本や韓国の企業はデザイナーの段階を経て、今は戦略立案者の段階にいる。トヨタはこれまで米国やヨーロッパの競合車よりも安い車を作ってきたが、今は戦略的なデザイン志向の企業として世界をリードし、おそらく世界で最も成功している自動車メーカーとなっている。韓国のラッキー・ゴールド・スターは、かつてコンピュータ産業向けに安価な部品を作るサプライヤーだった。その後、自社のパソコンをデザイン・製造しはじめ、依然として価格で競争してきたが、LGに変わり、世界クラスのエレクトロニクス製品を作りはじめたとき、同社は産業戦略立案者になった。サムスンとヒュンダイも同じ道を歩んでいる。

あなたの会社がサプライヤーの発想を持っているなら、その発想から抜け出し、デザイナーへ、さらには戦略立案者へと変わるプロセスを進まなくてはならない。低コストのサプライヤーと低マージンの戦いを続けたくないなら、それ以外に選択肢はないのである。

8

意思決定をデザインする

イノベーションとは、単に良いアイデアという意味ではない。それは一定の時間内に相互に関係しあう複数の意思決定を行い、大勢の人をマネジメントするプロセスだ。重箱の隅をつつくような管理ではなく、商品への要求事項を明確にすることが、日々の細かなトレードオフを調整する大勢の人々を導いていく。そうした要求事項は、リサーチとプランニングの早い段階のまだ混沌とした状態、すなわちカオスのなかで浮かび上がってくる。だが、カオスは悪ではない。カオスのおかげで探索や学習が可能になり、意思決定のフレームワークが向上するのだ。

カナダのトロント市。ジミーは新しいトラックを必要としていた。現在のシルバラードは八年も乗っていて、購入代金と同じくらいのメンテナンス費用がかかる。建設業を営むジミーに、トラックは必需品だ。彼は、建物の増築など、比較的高度な建築業務を請け負っている。

ジミーは自由を好む人間だった。しかし、トラックを購入してから八年のあいだに、彼の人生は大きく変わった。今では結婚して、二人の子供がいる。週末や平日の夜は、食料の買い出しや子供の相手、犬の散歩などで忙しい。

妻は、トラックの購入を考え直してほしいと口うるさく言う。妻は子供たちを乗せて安全に運転できるファミリーカーをほしがっていた。だが、ジミーにとってトラックは、仕事の道具以上の意味を持っていた。トラックは彼そのものであり、彼が何者かを代弁するものだった。そして、車の扱い方が荒いことを自覚している彼は、がっちりしたトラックがほしかった。

ジミーは土曜日に車の販売店を見て回った。最初にGMを訪れ、後部座席を倒すと荷台のスペースが広がるシボレー・アバランシェに興味を持った。週末には前後に座席のあるファミリーカーとなり、平日は建設現場用のトラックになる。

次に、4ドアで荷台も広く、後部座席を畳んで工具を積むスペースが作れるニッサン・タイタンを見た。クロムをたっぷりと使った頑丈なフロントは見栄えが良く、トラックが一体型の部品で作られているという安心感があった。

ジミーはフォードのディーラーにも立ち寄った。今度は、F150に心を奪われた。外見はいかにも強そうだったが、内装には人に自慢できるような洒落た革製のインテリアが使われていた。従来は何の変哲もないトラックだったが、新型のF150には豊富なオプションが設けられ、トラック内を快適にするさまざまな特徴がある。これなら、家族にも安全で快適だと妻に言い訳できるし、ベニヤ板と工具を積んで走るのにも使える。これほど豊富なバリエーションのあるトラックが存在するなど、誰が想像しただろうか。

複雑で膨大な意思決定をコントロールする

歯ブラシのデザインに必要な作業を考えてみよう。歯ブラシは主に持ち手とブラシという、わずか二つの部分しかない。しかし、持ち手は少し複雑で、曲がる部分と、濡れてもしっかりと持てるようにゴム素材を用いた部分がある。またブラシには、さまざまな長さや角度の毛が用いられ、それぞれが、歯と歯茎の境目や歯間を掃除したり、歯の表面を磨いたりする。歯ブラシのこうした特徴を決めるには、十分なリサーチが必要だ。口と歯についての深い知識、柔軟性と口腔の適合性に関する素材の分析、人間工学や手や腕の生理機能に関する詳細な理解が求められる。

魅力的な歯ブラシだと人々に思ってもらうには、バスルームや台所のトレンドだけでなく、色や形状に関するファッション一般のトレンドを意識しなければならない。現在利用できる、あるいは今後利用する可能性がある新素材や、イノベーションに役立ちそうな最新の生産技術についても知る必要がある。また、売り場では、中身が目立ち、よく売れそうなパッケージに入れて販売しなければならない。さまざまなパッケージをデザインし、商品投入前に試作品を市場テストにかけ、十分に分析する必要がある。パッケージもまた、購入者のライフスタイルと関連しているからだ。

さらに、法的な問題もある。知的財産権をめぐって、他人の特許を侵害していないか確認しなくてはならないし、侵害していなければ、意匠権や特許権で独自のアイデアを守る必要がある。また、人の口に入れる商品には責任問題もつきまとう。ずさんにデザインされた危険な歯ブラシや商品の誤用から一般消費者を守るために当局が法で定めた必要情報を、全てパッケージに記載しなくてはならない。問題が発生すれば、商品開発チームにとって悪夢となるばかりか、企業のブランド・アイデンティティにも影響を及ぼしかねないのだ。

今度は、自動車のデザインで考えてみよう。自動車の部品点数は一〇〇〇〜二万点にのぼるため、デザインの複雑さは大幅に増す。まず、全ての部品のデザインや仕様を決めなければならない。またその多くは、単なる部品としてではなく、車の性能上の要求事項を満たす、一つのサブシステムとして機能する必要がある。しかし、あるシステムで最高の性能を実現させるために、他のサブシステムの期待値を下げなくてはならないケースも頻繁に起こる。たとえば、小さなオイルポンプを追加すれば、エンジンの寿命が飛躍的に延びるとしよう。だが、オイルポンプはオイルを迅速に循環させる長所がある一方で、エンジンが温まる前に作動するため、発車までに数秒長く時間がかかってしまう。このようなトレードオフを一つ一つ検討しながら、商品全体として満足のいくレベルになるまで、デザインを練り直さなければならない。

車の商品開発サイクルが依然として三年以上かかるとすれば、膨大な数の意思決定を行い、それらを効果的に組み合わせなければならない。では、それら膨大な意思決定のうち、何が間違いで、何が手ごろで魅力的で収益性の高い自動車やトラックの製造につながるのか。

二万点の部品で構成される車を運転するとき、正確な作動が要求される事柄がいくつになるか考えてみてほしい。何百人もの人が協力しながら、数年がかりで一つのプランをまとめていくのだ。**イノベーションとは、単なる良いアイデアではなく、相互に絡みあう複数の意思決定を一定時間内に行いながら、大勢の人々をマネジメントするプロセスである。**たとえば、当初のコンセプトによって商品の方向性が確立すると、マーケティングのインサイトや、商品のビジュアル・特徴に関する戦略を盛りこんだブランド・ステートメントを開発しなくてはならない。同時に、標準化や生産能力など、技術的な制約条件も明確にしなくてはならない。プロセスがさらに進むと、予算配分などの財務上の問題や、商品やパッケージの特徴、顧客戦略、製造品質の許容レベルや期待レベル、技術的な実現可能性、技術や製造方法への信頼性など、意思決定すべきことが増えていく。商品を成功させるためには、イノベーションの価値を最大化し、企業にブランド・エクイティや収益をもたらす方法について、数多くの重要な意思決定を行わなくてはならないのだ。

トレードオフへの対処

意思決定は、その数が膨大なことに加えて相互に関係しあうので、トレードオフが生じる場合が多い。ＳＵＶであれば、燃費が良く、荷物用スペースが広く、座席が三列あり、高性能で、造りが精巧で、豊富なオプションを備え、全てが低コストである、という商品は絶対に作れない。取捨選択し、いくつかの要素は諦めなければならない。運転が楽しく、リビングにいるように快適で、家よりも高いコストがかかる車もあれば、座り心地は悪いが、重い荷物が運べて、手ごろな価格で手に入る車もある。前者は高価格で利益率は高いが販売量は少なく、後者は低価格で利益率は低いが販売量は多くなるだろう。

トレードオフへの対処には、主に二つのアプローチがある。まず、コモディティやコストを重視する企業は、最小限のコストで大衆向け商品をデザインすることを目指し、財務的な検討を意思決定上の主要な材料とする。だが、コストを考慮して、商品の独自性や付加価値の部分で妥協すると、結果として利幅も小さくなる。利幅が小さいと、さらなるコスト削減が必要になる。その結果、商品は低価格で低利益率の競争環境に置かれることになりがちだ。

一方で、高付加価値による差別化を究極の目標とし、顧客に新しいレベルの経験を提供することを目指す企業もある。こうしたライフスタイル重視のアプローチは、性能面の期待を満たす技術優位性を保ちつつ、美的感覚や使いやすさなどの要因を追求する。その結果、生産水準は低くても、利益率は高くなる。

実用的なイノベーションを行う企業は、ブランドを支え、競合品がひしめくなかで目立ち、狙った市場で受け入れられる価格の商品を提供して、これら二つの対極的な要素を調和させている。こうした顧客重視のアプローチは、利用者の視点を考慮に入れながら、性能と特徴への期待に基づいてコスト面の制約を捉えている。言い換えれば、購入者の経済力の範囲内で、高い付加価値を提供するのだ。

コストがトレードオフの究極の決定要因なら、意思決定はかなり単純になるだろう。しかし、コストを唯一の基準にしている企業はないし、少なくとも、それで成功しているところはない。では、イノベーティブな企業は、多くの意思決定をどのように行っているのだろうか。

多くの企業が利用しているアプローチとして、ステージゲート・プロセスがある。市場調査から商品投入までの流れに沿って、プロジェクトの主要な活動を五つのステージに分け、各ステージが十分に検討されたかどうかを確認するチェックリストとして「ゲート」を設けるという方法だ。個々の商品開発プロセスにおける成果物を明確にした上で、そのゲートを通らなければ次のステージへと進めない仕組みになっている。★1

このプロセスは、基本的な発想としては適切だが、全てがあくまで理想形である点に注意すべきだ。理想的なプロセスは経営陣主導で作成される場合が多いが、開発チームは往々にして、そのプロセスをうまく使いこなせない。なぜそのプロセスが作られたのかを知らず、目的さえ理解しないまま取り組むからだ。実際、理想のプロセスどおりに進んだ商品開発プログラムは存在しない。障害に遭遇し、予期せぬ事柄への対処を余儀なくされたとき、チームはしばしば遅れをとり、変化にどう適応すればいいかわからなくなる。つまり、ステージゲート・プロセスは基準を示すだけで、それをどう満たせばいいのか、特にイノベーションにおいて重要となる初期段階のゲートをクリアする方法は教えてくれないのだ。

実用的なイノベーションのアプローチで商品開発をマネジメントするのは容易ではない。それを行える優秀なマネジャーは、全体像と目標を常に念頭に置いた上で、プロセスのなか

★1 Cooper, R. G.
Winning at New Products: Accelerating the Process from Idea to Launch.
Perseus Publishing, Cambridge, 2001.

でプロジェクトを柔軟に変化させることができる。プロジェクトが理想どおりに進むように願うのではなく、彼らは最初から、理想形とはガイドラインにすぎず、確定したプロセスではないことを承知している。予期せぬ問題が生じたとき、彼らは必要に応じてプロセスに変更を加え、適切に調整する。**想定外の問題に対して理想的なプロセスに無理に合わせようとするのではなく、彼らは問題を新たなチャレンジと捉え、それを楽しむのだ。**

ロック・クライミングの例で考えてみよう。登山の計画やルートは自分で決められるが、登山の過程で何が起こるかはわからない。経験がある人にとっても、毎回が新しい経験となる。気象条件やコンディションが異なるため、いくら同じにしようと思っても、自分のとるアプローチを多少なりとも変えざるをえない。

アーロン・ラルストンは、単独でロック・クライミングに出かけて遭難したとき、信じがたい超人的能力を発揮して困難を切り抜け、有名になった人物だ。ラルストンは大きな岩の裂け目に墜落し、腕を挟まれてしまった。彼は生死を分ける決断を迫られた。助かる唯一の道は腕を切り落とすことで、さもないと確実に死ぬだけだと、彼は冷静に状況を見極めた。そして、それを見事にやりとげたのである（詳細は割愛する）。止血をしないと出血多量で死ぬことも認識し、対処していた。その後、彼は一本の腕だけで険しい断崖を降りて麓までたどり着き、長い道のりを歩いて生還した。

予期せぬ災難を、彼は勝利に変えた。計画立案を得意とする彼は、そこで何もできずに座して死を待つのではなく、計画をうまく調整する方法を知っていた。その後、彼は本を書き[★1]、

★1『アーロン・ラルストン　奇跡の6日間』
中谷和男訳、小学館、2005年

数々のテレビ番組に出演した。大きな災害に見舞われそうだと思ったとき、一歩引いて大きな視野を持つことができれば、不運を前例のない成功へと変える機会を発見できる。**必要なのは、問題を構造化するためのプロセスと、予期せぬ出来事への臨機応変な対応だ。**これがイノベーションの基礎である。

バタフライ効果

商品開発プロセスは、しばしばその構造内でカオス状態となる。ブラジルで蝶が羽ばたくと翌週ベルギーで嵐が起こるという話を聞いたことがあるだろうか。これは数学のカオス理論に基づくもので、小さな出来事が将来、非常に大きな予期せぬ結果をもたらす可能性があることを表している。商品開発における意思決定プロセスは、一見するとその「蝶の羽ばたき」とよく似ている。羽ばたきに相当する意思決定は、ごく気軽に行われる。だが、その重要そうには見えない意思決定が、結果に大きな影響を及ぼす可能性をもつ。

全ての意思決定が他の意思決定に影響を与える。一つの意思決定が次の意思決定に影響し、あとの意思決定はその前の選択に左右される。ほんの少し違った意思決定をすれば、どうなるか。たとえば、従来と違うシルエットの自動車をデザインしたり、トースターに別のバネ構造を選んだり、歯ブラシの毛の素材を変えたりすれば、それらの意思決定から生じる結果は、まったく違う車やトースターや歯ブラシとなって表れる。

蝶の羽ばたきは、気象システムにおいて非常にランダムな出来事だ。蝶はせいぜい自分の羽ばたきをコントロールできるだけで、自分自身の活動以上のものは認識できず、因果関係も理解できない。だが蝶と違って、我々はプロセスの結果に影響を及ぼすことが可能だ。リサーチ、インサイト、商品への想いによって、我々は結果を予測し、よりよい意思決定を行うことができる。情報やインサイトに基づく意思決定が次の意思決定に影響を与え、それが次々と続いていく。**成功している商品開発担当者は因果関係を理解し、選択した特徴や形状が商品全体の形態にどんな影響を及ぼすか、つまり、その商品全体がどう見えて、どんな機能を果たすかを心得ている。**もっとも、残念ながら蝶のような商品開発担当者もいる。彼らは市場の機会、顧客、商品全体を十分に理解せず、一貫性のない意思決定を下し、自分の商品がなぜ市場で失敗するのか、まったくわかっていない。

もちろん、商品開発プロセスの外側で起こるランダムな出来事は膨大で、それら全てを見通すことは不可能だ。政治的、社会的な現象は、基盤となる顧客のニーズや願望を急速に変えてしまう。ガソリンの価格上昇によって、人々が燃費を気にするようになり、トラックやＳＵＶが売れなくなる。九・一一の結果、安全への関心が高まり、旅行者は減少した。

しかし、こうした要因から壊滅的な損害を受ける企業もあれば、期せずして恩恵を受ける企業もある。九・一一の結果、米国の航空関連企業の大半は苦労したが、大勢の人々がガスマスクを買い求めた結果、呼吸マスクを生産するマイン・セーフティ・アプライアンシズは記録的な売上を上げた。ニューバランスは、米国の国民感情が九・一一後に国産製品の購入に向かったとき、国産製品の比率を維持するという社会的な意思決定を行い、海外生産を行う競合他社に立ち向かうポジションをとった。九・一一のような出来事は誰も予想できなかったし、その経済的、心理的影響は明らかに異常だったが、ランダムな影響に強い仕組みが必要なことは明らかだ。

カオスを歓迎せよ

商品によって、目標（実現したいこと）、制約条件（変えられないこと）、変数（変えられることや、変えるべきこと）はそれぞれ異なる。真にイノベーティブな商品を開発するには、最初に一連の目標を定め、次に各目標を達成するために修正可能な変数を特定し、それらの変数に完全に相対すると思われる制約条件を理解しなければならない。こうした商品開発プロセスの構造化によって、我々は、外部の影響が予想できない状態でも、意思決定の堅実性を高めることができる。

パーム・コンピューティングが最初のＰＤＡを発表したとき、手書きを認識するための演算能力と、当時の大きなチップを持たせるにはかなりのスペースが必要だったので、競合はＰＤＡの形状を制約条件だと考えた。だが、パームは、少なくとも顧客が新しいグラフィティ文字を学ぶのを嫌がらないかぎり、形という要因は変数にすぎないと認識していた。ＰＤＡという市場を開拓したパームのイノベーションは、ここから生まれたのだ。

蝶は物理上の制約条件の範囲内で羽ばたく。商品開発プロセスも物理上の限界の範囲内で機能しなくてはならないが、一方で人間の文化、社会、思想にも影響を受ける。もちろん、それらを完全かつ正確に把握するのは難しい。しかし、商品開発プロセスの構造の支柱をなすのは顧客であり、顧客は曖昧さや不完全さを残した状況であっても行動する。**顧客を起点とするプロセスの構造のなかで目標、制約条件、変数の調和を図ることができれば、不完全な情報、あるいは不正確な情報さえも、堅実な意思決定を行うために活用することができるのだ。**

商品イノベーションの初期段階はカオス状態にある。カオスは悪ではない。カオスは探求と学習を促す。市場について学べば学ぶほど、カオスにより適切なフィルタリングをかけられるようになる。カオスは良い商品の方向性を発見し、正確に特定するのを助ける。

変数と制約条件が十分に特定されれば、次はその精度が重要になる。うまくいけば、その後に続くランダムな出来事の多くを予測でき、混乱するシナリオさえも想定できる。カオスを受け入れれば、ランダムな現象に適切な対応ができるようになり、逆らうのではなく、うまく扱えるようになる。カオスと戦うのではなく、カオスを味方につけるのだ。

カオスを強引につぶせば、探求とリサーチをも破壊してしまう。そうすると、品質の高い製品を作ろうと懸命に取り組んでも、精密だが正確さを欠いたり、市場が求める商品の使用経験や目的に合致せず受け入れられなかったりする。慌てて一部を修正すれば、他の部分に機能や美観上の、あるいは製造工程面の問題が生じる。結果として、ソフトとハード両面の品質が低下し、それを急いで立て直すために多大な労力が費やされることになる。

成功を導く意思決定

全ての探求は顧客を軸として展開する。マーケティング担当者は顧客リサーチに精通し、ときには産業デザイナーにもなる。しかし、技術畑や財務畑の人々も顧客と接点を持つべきだ。我々は、優良企業において、多様な分野の専門家で構成されたチームが、共同で顧客リサーチを行っていることを発見した。異なる専門分野の人々が異なる方法で情報を解釈する訓練を受けることで、顧客ニーズや願望への理解をチーム全体として深めることができ、商品開発プロセスを進める際の優先順位のつけ方もわかるようになる。

これとは逆に、単一の観点に支配されているケースを考えてみよう。まず、技術志向の企業は製品の性能、技術力、生産能力を重視しがちだ。しかし、彼らのハイテク製品は、技術は先進的でも、多くの場合、顧客を満足させることができない。市場が求めるものに合致せず、真のイノベーションが欠けていることが多いのだ。技術志向の企業の多くは、法人向けに製品やサービスを提供し、技術以外の特徴は気にする必要がないという考えに陥りがちだが、それではハードとソフトの品質を兼ね備えた製品を提供する競合には太刀打ちできない。

一方、コスト志向の企業は、予算や経営資源の配分に関する意思決定に重きをおくが、その結果は多くの場合、凡庸で利益率の低い製品となって表れる。気がつけばコモディティと見なされていたり、コモディティとの競争に巻きこまれていたりする。いま店頭にある缶入りスープが昨年よりも味が落ちたのは、メーカーが少しずつ安い材料に切り替えてきたからだという噂が立つ。これがコスト志向の企業がたどる道だ。

また、マーケット志向の企業は価格訴求やＤＭを重視し、大々的に宣伝するが、製品そのものはあまり改善しようとせず、胡散臭さが残る。スタイル志向の企業は、美観やトレンドに基づく意思決定を重視するが、こうして生まれる製品は、見た目は素晴らしくトレンディでも、長期的な使用には不向きなことが多く、短期的な使用に耐えないことさえある。

どの分野においても重要なのは、顧客を理解することだ。そうすれば、機能や美観など個々の製品の価値を妥協することも、誤った市場に製品を投入することもなくなる。**真にイノベーティブな企業は、詳細なリサーチで顧客をよく理解し、それに基づいて意思決定の優先順位を定め、商品開発プロセス全体を通じて優先順位を維持することで、ジレンマを解決する。**

統合された意思決定がなぜ必要かを考えるために、ある自動車メーカーの経験を取りあげよう。この企業では、フロントグリルのリデザインに取り組んでいるところだ。グリルは、その車のブランド・アイデンティティとパーソナリティを表す、重要な特徴の一つである。人々はグリルを見るだけで、その車を運転する人が、どんな人間か、少なくともどんな人間でありたいと思っているかを想像できる。ハマーのように、大きくて目立ち、強く、分厚く、垂直ラインのグリルもあれば、キャデラックのように上品でシンプルで、水平のラインのグリルもある。

あるいは、ポンティアックの多くの車種で見られるように、目立つ特徴がない場合もある。いずれもGMのブランドだが、それぞれ独自のブランド・ステートメントと美観を持ち、特にグリルのデザインはさまざまだ。本章の冒頭で紹介したジミーの場合も、アバランシェ、タイタン、F150はいずれも、グリルによってそれぞれ異なるパーソナリティを示している。

我々はそのメーカーのモデルチェンジのプロセスを観察した。同社では財務部門が意思決定をリードしていて、今回のモデルチェンジについても、財務状況をふまえてコストをなるべく抑える方針だった。検討課題の一つだったグリルについても、コスト削減のため、当初は前モデルで使われていたものを継承することにした。素晴らしい外観なので、変更する必要はないと判断したのだ。

しかし、デザイン部門は車のイメージとスタイルを補強するためにグリルをデザインしなおすべきだと言いだした。また、その変更には予算と時間が大幅にかかると述べた。一方で、エンジニアリング部門は、美観上の特徴を変更することに理解を示さず、財務部門から与えられた目標コストと時間を守るため、同じ部品を引き続き使うべきだと主張した。つまりこの企業は、顧客理解を共有することができていなかったのである。

議論の末、最終的にはデザイン部門の主張が通り、グリルのデザインは変更されることになった。プロジェクト・マネジメント・チームがもっと顧客側に立って課題に取り組んでいたなら、プロジェクトの細部を決める前に、デザイン部門の声を反映させることができただろうし、何を優先するかも違っていただろう。結局、この問題のためにプロジェクトは遅れ、コストの目標も達成されなかった。もっとも、手遅れになる前に間違いに気づいたのが幸いだった。モデルチェンジされた車は、人目を引くフロントグリルとともにユニークで強いブランド・アイデンティティを確立し、市場で大成功を収めたのだ。

変数の相関性は非常に強い。一つの変数の小さな変更が、プロセスが進むにつれて、他の変数の選択に深く影響するかもしれない。先の自動車メーカーでも、チームがグリルを継承した場合と変更した場合とでは、車の美観への影響は違ったものになる。変更する中身についても同様だ。グリルを目立つものにすれば、その他の詳細な部分も全て、車全体の統一的なイメージのもとにデザイン変更することになる。こうしたことがカオスの効果である。にもかかわらず実際にはカオスを早期につぶしてしまうケースがあまりにも多い。

コストを最終的な意思決定要因にしないためには、リサーチや開発プロセスを用いて、その製品に関係する、異なる機能分野の観点を明らかにすることが重要だ。開発プロセスにおいて、エンジニア、産業デザイナー、マーケティング、財務、製造、技術、顧客リサーチなどの各担当者の観点を統合する。これら個々の専門家のもつ変数が全て結果に影響をあたえる以上、彼らの意見はどれも必要だ。全ての観点を融合させて意思決定を行い、それぞれの可能性を最大化する解決策の実現を図る。リサーチと機能横断的なデザインを行うプロセスが構造化されていれば、たとえ変数が混沌としていても、日々の数多くの意思決定を効果的にマネジメントすることは可能だ。

もう一つ重要なのは、プロセスのなかに、一定量のカオスを発生させなくてはならないということだ。早期にカオスをあまねく発生させ、ゴールへうまく導けば、カオスは有益である。なぜなら、カオスはプロセスの早い段階で、より素晴らしい探求を可能にするからだ。**はじめから全ての細かなトレードオフを解決しようとして行き詰まるよりも、顧客のインサイトに従い、プロセスに沿って進んだほうがよいのである。**

9 商品機会をデザインする

ここまで各章で、人々、商品、企業とその問題点に関する事例を用いながら、特定のトピックについて説明してきた。森にたとえるなら、スギ、マツ、ヒノキなど、個々の木の話をしてきた。本章では、大学とスポーツ・アパレルメーカーのニューバランスが新しい商品を共同開発する事例で、イノベーションという森全体を見ていく。商品機会の発見から商品化の承認にいたる、開発初期の曖昧な状況を構造化するプロセスを説明し、これまで論じてきたプロセスやツールをイノベーターが実際にどう用いるかを紹介する。

アリゾナ州セドナ市。大勢の人とともに赤いトレイルを歩きながら、カレンは、iPodから流れてくるU2のボノの歌の通り、「ここは本当に神の国だ」と思った。

赤い岩が突き出した巨大なキャシードラル・ロック。豊かな常緑樹の香りを漂わせる木々。澄みきった空気。U2がセドナを訪れたことはないかもしれないが、実にすばらしい景色だ。

翌週にレースを控えたカレンは、土曜日にフェニックスから電車に乗ってレース開催地のセドナを訪れた。現地でのトレーニングはとりわけワクワクする。それだけでも、二時間かけてやってきた甲斐があるというものだ。それにトレーニングのあとは、エネルギー補給のために、チェリー・パパイヤ・スムージーを楽しむことができる。

思えば、カレンは子供のときから走ってきた。中学生のとき、彼女はクロスカントリーチームに参加した。毎朝、登校前に練習したが、走ったあとは、体がふらふらしたものだ。毎朝初めの授業に集中できなかったのは、早朝のランニングのせいだったかもしれない。もちろん当時は、エネルギー補給にスムージーを飲むことなどできなかったが。

しかし、世の中はなんと変化したことだろう。フェニックス地域は、彼女の学校が開校した一九六五年のころとは様変わりしている。そして、慣れ親しんだ地域だけでなく、使っている商品も変化した。

たとえば、ニューバランス・ストアの店員がすすめてくれた、このランニングシューズ。安定した足首のサポートと改良されたクッションは、ときどき感じる痛みを和らげるようだ。

ニューバランスは、商品を良くするためにどれほど改良を重ねてきたのだろう。彼女は他の商品も試したが、これに勝るものはなかった。

四十四歳の彼女は、自分の黄金時代は終わったと思っていたが、ニューバランスの靴を履くようになってから、新しいランニング人生が始まった。週末に十キロ走り、日常からの解放感を楽しむ。まさに靴のおかげで、疲れを気にせず前進できるのだ。

ニューバランスのブランド・エクイティ

ニューバランスはボストンにある中規模の非公開企業で、非常に競争の激しい市場で戦っている。同社は、一九〇六年に足部障害を予防するアーチサポート・インソール（中敷き）を作りはじめ、やがて本格派の陸上選手用のランニングシューズを作るニッチ企業へと進化した。市場規模が小さいこともあり、同社は事業の集中と無駄の削減に努めた。次第に、本格的に陸上に取り組む選手が同社の靴を選ぶようになり、評判が広まるにつれて需要も広がった。カレンのようなアマチュアの週末ランナーがニューバランスを選びはじめ、その後、ほとんど信者のような追随者が現れた。

今日、ニューバランスは「コンフォート・アンド・フィット」をテーマに、ランニングシューズとパンプスに特化している。同社の靴は品質の高さで有名だ。靴の一部は米国で作られており、アジアで搾取していると批判された海外生産のみのナイキとは一線を画している。九・一一以降、ニューバランスが他のメーカーほど販売低下に苦しまなかったのは、一つには、「メイド・イン・アメリカ」の方針を持っていたからだ。国産品の粗利益はたかだか二〇％だが、価格を低く抑えて競争力を維持する一方で、非常時にも地域に貢献する姿は注目を集めた。また、近年アジアの技術が米国を上回るようになり、競合はコストだけでなく製造品質の観点からもアジアへの生産シフトを強めているが、同社は国産シューズを維持することでブランド・エクイティを構築し、経済的なコストの差を克服している。

言い換えれば、顧客は同社のブランドに対しロイヤルティを持っているのだ。「メイド・イン・アメリカ」と「コンフォート・アンド・フィット」が、商品とニューバランスのアイデンティティを強化している。

品質は一貫して高い。もっとも、学校のグラウンドや、花形選手が活躍する競技場のような市場では、同社の競争力は高くはない。しかし、口コミが威力を発揮する市場で、ニューバランスは抜きん出ている。もちろん広告も行うが、知名度の高いマイケル・ジョーダンやタイガー・ウッズ、コビー・ブライアントのような選手をCMに起用することはない。未上場企業ということもあり、競合と同じようなアプローチを使って無理に競おうとは考えていない。ニューバランスは、あえてそうした戦略をとっているのだ。

それはさまざまな形で、「本格派ランナー向け」シューズメーカーとしての品格形成に寄与していた。興味深いことに、この価値観はランニング以外のシューズ市場にも広がった。毎日バックパックとナルゲン（ボトルメーカー）のペットボトルを持ち歩いている高校生が、トレンドを押し広げ、普段履きのシューズにニューバランスを指名買いするようになったのである。

ニューバランスの商品は、特に素材利用における最先端の技術と、フィット感における人間工学、そして適切で控えめな美的感覚のトレンドをうまく調和させている。ニューバランスは業界慣習に合わせて年に四回以上新商品を投入するが、高級ファッションのトレンドは追わずに、各商品ラインの改良に取り組んでいる。

産学連携によるイノベーション

新たな競争優位の構築を模索する企業は、さまざまな手段を試そうとする。たとえば、専門家と一緒にワークショップを実施したり、新しい観点を提供するコンサルティング会社を雇うこともある。なかには、研究開発の範囲を広げるために、自社では時間や経営資源を割けない分野の調査研究を大学に委託する企業もあり、産学連携は一つのトレンドになっている。

第1章で紹介したエディス・ハーモン率いるアドバンスト・プロダクト・グループは、ニューバランスの有機的成長の基盤となっていた。ハーモンはカーネギーメロン大学に話を持ちかけ、統合商品開発というコースで、ニューバランスの新しいビジネスチャンスを調査してもらうことを依頼した。学生のチームにどこまでできるか、彼女は興味があった。彼らの成果は、社内のチームで同じようなことを行うときの参考になるからだ。

コンペティション形式のコースでは、産業デザイン、工学、マーケティングの学生が混成チームを形成し、三学部の教員四人がアドバイザーとして関わった。

最終的に六チームの学生が、十六週間かけて六つの優れた商品コンセプトを生み出した。本章では、そのうちの一つを紹介する。それは、イノベーション・プロセスが高い投資回収率をもたらすことを実証した。ニューバランスは、このイノベーション・プロセスの成果を獲得し、また商品をどのように社内で開発すればよいかを習得できたのである。

CASE STUDY

肥満者市場を開拓する

本章では、これまでに説明してきた問題やツールを含めて包括的な方法論を説明する。まず、企業が商品機会を特定する方法や、その機会について理解を深める方法、そして理解したことを商品の要求事項や詳細仕様に織りこむ方法から見ていこう。その後、事例を用いて、初期に定めた商品の要求事項がコンセプトづくりや改良のプロセスにどう活かされ、どのように消費者個々人のニーズに合った商品の生産へと結びつくのかを説明する。★1

このプロジェクトで、ニューバランスがチームに与えた課題は、「新たな商品機会を開発する」というものだった。スポーツ・アパレル企業がこれまで対象としてきた市場ではなく、増加している太りすぎの人々がターゲットだ。戦略分野は特定せず、シューズ、衣料、性別、年齢などの制限も設けられていない。

まず、アプローチの全体像を簡単に見てみよう。新しい商品機会の開発にあたっては、社会的要因、経済的要因、技術的要因（SET要因）の三つを考慮することが必要だ。これらの要因が変化すると、市場では、既存の商品やサービスと、市場のニーズやウォンツや願望とのあいだにギャップが生じる。このギャップが新しい商品やサービスの機会を創り出すのだ。こうした機会に対応するには、顧客が新商品に期待する価値を理解し、それを商品の属性として組みこめばよい。**つまり、SET要因の変化をとらえることで機会を発見し、それを価値へと解釈し、**

★1 さらに情報がほしい場合、このプロセスのツールや理論を詳しく説明した次の書籍をご参照いただきたい。
Cagan, J. and C. M. Vogel. *Creating Breakthrough Products; Innovation from Product Planning to Program Approval.* Financial Times Prentice Hall, Upper Saddle River, NJ, 2002.

商品の属性へ作り変えるのだ。

これは、イノベーションの初期段階を構成する**四つのフェーズ**として整理できる。すなわち、商品機会の「特定」「理解」「コンセプト化」「実現」である。こうまとめると簡単なようだが、企業がよく失敗するのは、価値に対する顧客の期待を分析するときだ。価値を正しく把握しないかぎり、どれだけ品質プログラムが優れていようと、どれだけ生産設備に無駄がなかろうと、商品は成功しない。

ここで紹介する学生チームは、四つのフェーズのイノベーション・プロセスに沿って、十六週間で完璧な商品コンセプトを創りあげた。各フェーズを追いながら、肥満者という成長市場向け商品の開発を見ていこう。

PHASE 1

特定

五十歳が近づいてきたボブは、健康状態を考えると、もっと体重を減らしたほうがよいと頭ではわかっているが、何も行動できずにいる。ボブのような人はたくさんいる。

最初のフェーズは、トレンドに関するリサーチから始められた。新たな商品やサービスによってターゲット顧客の幸せを高められる、市場のギャップを探る。目標は、商品の機会を特定することだ。商品の詳細な仕様ではなく、その機会における経験に焦点を当てながら、具体的機会、クリアにすべき課題を一つ一つ明確にする。たとえば、「車のなかで、子供を安全に守るプロセスまたは装置」というように。そして、克服すべき問題のスコープと、以後のフェーズで引き続き調査すべき商品機会、クリアにすべき課題を一つ一つ明確にする。

ＳＥＴ要因は商品機会の創出に動的な相互作用を及ぼす。デスクワーク中心の人々が増えれば、ウォーキングのようにさほど激しくない運動に使う器具の市場は拡大する。では、太った人が増えているというトレンドから、どんな機会が見出せるだろうか。たとえば、人々の体重が増えれば、食事制限が叫ばれるなど、痩せることへのプレッシャーが高まるし、保険会社は体重超過を、リスクを高める病気だと考えはじめる。

世界中で太りすぎの人の数が増えると、スポーツ・アパレル企業にとって、単なる「健康」や「体調」から対象を広げ、運動を始めるために支援が必要な人々に向けた商品をデザインする機会が生まれる。また、体重増加は靴への圧迫感が増すので、体重の重い人々の味わう苦しみを緩和するような高性能の素材へのニーズが高まるだろう。こうしたトレンドを特定するインサイトは、文献調査といった間接的な情報だけでなく、顧客へのインタビューやインタラクションといった直接的な情報から得られる。

学生チームは、商品機会となりそうな市場ギャップを一〇〇以上考え、一つ一つの方向性について深く調査し、ブレーンストーミングを行った。そこから考案された商品機会は、靴を履くときの姿勢を変えるものや、靴のフィッティングのための測定システム、より魅力的なウォーキング器具などだった。そして、それぞれの収益可能性を加味しながら、潜在顧客を対象に定量調査を行った。

多数のアイデアを十分に検討し、議論を尽くした結果、チームは商品機会を「四十～五十五歳の太りすぎの男性で、長時間座って仕事をし、健康状態を気にするようになっていて、活動的で健康的なライフスタイルを確立するというやり方で、身体的、精神的負荷を克服したいと思っている人」と定めた。

PHASE 2

理解

一日一万歩を歩けば、減量や健康のためには十分な運動量となるだろう。ボブは運動には前向きだったが、いかにも「見てくれ。ウォーキングしているんだ」と言わんばかりの格好をしたくはなかった。きちんと運動量を把握でき、さりげないファッションですます方法はないだろうか。

次のステップは、ユーザーや購入者を深く洞察し、商品が彼らや市場全体に及ぼす影響や結果を全て特定し、理解することである。このフェーズで重視するのは定性的調査だ。統計や数字に親しんできた伝統的な市場調査員やエンジニアには、難しく感じられるアプローチでもある。だが、顧客のニーズやウォンツ、願望に基づいた価値提案こそがイノベーションの枠組みを創り出す。難しいのは、価値の主要な特性を識別して明確に表現することと、その価値提案を最終的に商品開発につながる実践的なインサイトに変えることだ。このフェーズでは、戦略的プランニング（第7章を参照）と、統計ではなくシナリオに基づいて特定した市場（第4章と第6章を参照）を合わせて市場の価値分析を行う。

価値分析では、商品開発担当者が具体的な開発プロセスに入れるように、価値を明確に特定しなくてはならない。そうすることで初めて、彼らはユーザーや購入者が真に望んでいる商品を作ることができる。そのために、商品特性の前に、商品の価値について議論するのだ。

価値とは、より少ない資金でより多くの特徴を作ることではない。ユーザーのライフスタイルを議論したり、より良い活動がもっと簡単にできる方法を考えたりすることで、ユーザーを商品へと結びつけることが必要だ。価値とは、願望を実現し、ファンタジーの期待に応える商品力なのである。難しいのは、顧客が求める価値をどのように理解し、それをいかに商品特性やデザイン特性に転換するかだ。

バリュー・オポチュニティ（価値機会）

参考となる枠組みをほとんど使わずにコンセプトを開発するエンジニアやデザイナーが多い。しかし、意思決定のための枠組みがなければ、最も適切な選択肢を選び損ねてしまう。

我々は、価値の特性を説明し、それを商品の必要項目に織りこむ上で役立つ枠組みを開発した。それは「バリュー・オポチュニティ（価値機会）」と呼ぶ七つの項目から成る。これによって、商品やサービスに対する人々のニーズ、ウォンツ、願望について、初めて完全に理解することができる。

感情……感情は、ユーザー経験やファンタジーに直接関係する。その商品を利用することで、どんなファンタジーを人々は期待するのか。もっと健康的なライフスタイルが必要だと気づいた太りすぎの男性にとって、心身がシェイプアップしていると感じられる商品は、彼らに、より活動的になるための選択を促す。そして新しいライフスタイルに向かって努力する際の励みとなるだろう。

人間工学……人間工学は、商品との身体的な相互作用を説明する特性だ。商品を使いやすいものにするには何が必要だろうか。太りすぎの男性は、足にぴったりと合い、履き心地をよくするために内部のクッションがたっぷり入った、耐久性のある靴を求めていることが、シューズ店の店長へのインタビューからわかった。また、予想どおり、身体の大きな人は靴を脱いだり履いたりするのに苦労する人が多かった。

美的感覚……美的感覚は、視覚的なものや形状だけでなく、商品経験において起こる全ての感覚を指す。太りすぎの男性は、履き心地と機能性のいずれか一方を満たす靴で我慢し、美的感覚を犠牲にするのに慣れてしまっている。この発見から、美的感覚は無視できるという考え方もできるが、裏を返せば、他のニーズを満たしつつ美観にも優れた靴は、大きな支持を得られるとも考えられる。

●**アイデンティティ**……全ての商品経験がアイデンティティに影響を与え、アイデンティティは経験のお膳立てをする。太りすぎの男性も、他の人と同様、商品を自己表現のために用いる。健康器具の領域では、靴であれ医療機器であれ、アイデンティティの確立や差別化に役立つ商品は少ない。だからこそ、この市場に積極的な自己表現の要素を持ちこめば、新たな機会が生まれるだろう。

●**社会的影響**……次に、その商品に関連する、あるいはその商品が解決しようとする社会的影響がある。集団や個人との社会的関係や、環境への配慮も含まれる。エクササイズのネットワークやクラブが社交の場となるにつれ、また、肥満が米国の国家的関心事になるにつれ、社会的影響における機会が生まれ、肥満関連商品のニーズが増大する。

●**コア技術**……コア技術とは、その商品の性能を十分に発揮させる機能である。靴の場合、人によってクッションのニーズが違うため、もっと軽くしたり足に合わせたりするためには、クッションや安定感を調整する必要がある。だが今日の運動に関する技術は、活動的なライフスタイルを目指して苦労している人々ではなく、すでに運動している人のニーズに特化している。もし、適切なサイズのクッションと性能を提供する技術があれば、体重の重い人用の運動靴を大きく変えられるかもしれない。

●**品質**……品質には、製造面の品質だけでなく、主となる目的以外についての期待感も含まれる。品質といえば製造面のみを見がちだが、商品のフィット感や仕上がり、耐久性など多様なポイントがある。たとえば、靴を履いたり脱いだりするのに苦労する身体の大きな人にとっては、どれだけ早く靴が脱げるかも大事なポイントである。

イノベーションは、これら七つの価値機会によって顧客をどう市場機会に関連づけられるかを理解することで始まる。こうした枠組みを用いることは、各々の価値がどの商品機会に関係するかを定義し、それを商品やサービスに組みこむべき特性へと精緻化させる、洗練されたプロセスといえる。プロセスが進むにつれ、こうした特性をより明確に表現できるようになり、それらが最終的に商品の形や特徴になる。

現場で顧客を理解する

イノベーティブな商品開発担当者は、常に現場を大事にする。彼らは、その商品を使うことになる実際の人々を観察し、面談し、分析する。ニューバランスでは、アドバンスト・プロダクト・グループのジョシュ・カプランが国内を飛び回って、さまざまな先行ユーザーと一緒に走り、彼らのランニング経験の理解に努めた。

一方、学生チームは、潜在顧客や他の主要なステークホルダーの調査に多くの時間をかけた。彼らは、現在の運動に関する調査報告を重点的に読んだり、過去に体調を崩した経験から運動を始めることを余儀なくされた成人を対象にインタビューを何度も行った。その結果、運動するのにまとまった時間をとる必要はなく、車からオフィスまで歩くといった短い運動でも、少しずつ積み重ねれば健康に効果があることがわかった。また、彼らが運動をしない理由のトップは、「時間がない」ことだった。多忙なライフスタイルのせいで、エアロビクスをする時間がとれないのだ。さらに、こうした忙しい人々は小さな目標には挑もうとするが、大きなライフスタイルの変更は拒む傾向にあることも明らかになった。

チームは最終的に、ターゲットを一部の男性層に絞りこんだ。セグメントを絞ったほうが、デザイン特性をより明確にできるからだ。また中年男性のほうが中年女性よりも体重超過の人が多く、女性の二七・三％に対し、男性は四三・二五％だった。さらに、減量の方法として男性は運動をする傾向があるが、女性は食事療法を選ぶ傾向がある。また、運動をしようとして挫折したことのある男性は、好成績をあげる陸上選手にはあまり親しみを感じていないことがわかった。

これらの調査結果から、商品が提供すべき価値は、可能なかぎり現在の生活パターンに合わせつつ、今のライフスタイルのままでも楽に運動に取り組めるようにして、ユーザーがもっと活動的になるよう促すことだと判明した。彼らが作ったシナリオは次の通りだ。

テッドは最近、父親を心臓発作で亡くした。テッドは四十四歳で、身長一七八センチ、体重一〇〇キロである。それまでも妻と二人の子供から体重を減らすように言われ続けていたが、父親の死に遭って初めて、座ってばかりの生活では、自分も深刻な健康問題を抱えることになりかねないと自覚した。彼はスポーツクラブを利用するタイプではなく、筋骨たくましい若者の前で汗をかくのも恥ずかしい。運動を始めて、継続していくためには、何らかの動機づけが必要だった。

PHASE 3

コンセプト化

ボブには「スマート・インソール」がぴったりだ。歩数を記録する靴のインソールと、時計やキーフォブ★1のような装置を使えば、特別な運動に限らず、一日の総歩数を容易に把握できる。

次に行うのは、それまでに得たインサイトを、実際のコンセプトを作るベースとして使い、実際の商品やサービスに組みこめる特性を考えることである。このフェーズの開始時点では、その商品が何を実現するかについて、チームには漠然としたアイデアしかなく、具体的なアイデアは何もない。たとえば、チームは、一日一万歩歩くことは小さな積み重ねで達成できる運動として抵抗感の少ない方法だと知り、この「小刻みな」運動のベネフィットを新商品で補強したいと思ったが、すでに市場に出回っている多くの商品でこの目標は達成できることがわか

★1 キーチェーンにつける飾り。

った。そこで、別のアイデアを検討した。靴の上に色の変わる表示器をつける案、リストバンドや腕時計型の歩数計、靴から情報をダウンロードする「シューズ・ガレージ」、靴のすりへった部分を個別に置き換えるモジュラー式のシューズなどだ。

価値提案に忠実であり続けることでイノベーションが生まれ、リサーチを通して商品特性が決定される。それは複数のコンセプトを検討し、精緻化し、テストするというプロセスを何度も繰り返すことであり、回を重ねるごとに商品への理解が深まり、焦点が絞られていく。こうしたコンセプト作りのプロセスは、エネルギッシュで面白いが、同時に、リサーチで特定された全ての特性を、その商品の一部として作用する機能へと作り変えなくてはならず、非常に難しい。

チームは、「減量方法」と「活動的になる方法」とのジレンマに遭遇した。これはボブやテッドが抱えるジレンマだ。そこで、五十以上のコンセプトの長所や特徴を議論し、一日中、運動を追跡し記録する「スマート・インソール」案に取り組むことにした。具体的には次のようなものである。

高級素材を用いて履き心地がよく、運動をさりげなく促す靴のインソールを作る。そのインソールに歩数をカウントする技術を埋めこみ、合計歩数を記録・報告することで、ユーザーは毎日の目標の進捗状況を把握できる。そのインソールは普通のシューズにもフィットするので、日常生活を送っていても、これまでより活動的になることを促す。トータルの運動量は、その人が携帯しているキーフォブに伝送される。インソールとキーフォブは、ユーザーが健康的な活動を必要としていることをあからさまに示すほど目立つものではない。

ニューバランスはすでにインソールを作っており、この案はニューバランス・ブランドの範囲内にうまく収まるものだった。

PHASE 4
実現

ボブが喜んで身体を鍛えている！　ニューバランスは、太り気味の男性という著しい成長市場向けの新しい商品ラインを持つことで、ブランドを拡張しながら「コンフォート・アンド・フィット」というアイデンティティを維持することができたのだ。

このフェーズの終わりでは、コンセプトを、企業がその商品を実際に製造するかどうかを決めるポイントにまで落としこむ。これには、いくつかの方法がある。まず、見本、コンピュータ・モデリング、スケッチなどで、完全かつ正確な視覚的モデルを開発する。次にコンピュータでの数学的な分析や試作品を通して、技術面の有効性を証明する。そして、市場投入のタイミングや収支予測を含むビジネスプランを立てて議論する。最後に、生産計画を立てて、どのように商品を生産するかを決定する。

このフェーズにおいても、成功の鍵は、ステークホルダーの視点である。社内グループが成功を過信し、顧客のフィードバックを集めても適切に評価せずに結論に飛びついてしまい、このフェーズで妥協を余儀なくされる例は非常に多い。

このフェーズでは、コンセプトの各特徴を、商品全体を組み立てるパーツとして、個別にその詳細を明らかにしていく。コストとデザインは、商品の使用経験とのバランスをとることが求められる。そのため、技術や特徴を融合させて、単なる技術の提供だけでなく、相互作用や楽しさなどの豊富な経験も提供する形にまとめるために、チームは一丸となって取り組まなくてはならない。商品は、機能と同じくらい見栄えをよくする必要がある。また、ただ役立つだけでなく、使いやすさも求められる。使用環境にフィットしつつ、その環境をよりよく機能させなくてはならない。

チームは、ニューバランスの従来のものと同じ機能をもちながら、踵のなかにマイクロコントローラーと無線周波数（RF）圧力スイッチが埋めこまれたインソールを開発した。装着している人の歩数を登録し、そのデータをメモリに保存する仕組みになっていた。マイクロコントローラー・ユニットに内蔵されたメモリは、圧力センサーの入力状況を追跡し続け、キーフォブのモニタリング装置で検索できるように、毎日の歩数データを蓄積する。キーフォブそのものは、控えめで魅力的に見えるように配慮して作られている。ユーザーが履く靴のインソールは全て、同じキーフォブで管理することが可能だ。この装置はその後、ユーザーのその日の総歩数を記録し、距離、消費カロリー、目標達成度合いなど、その他の数値データとともに表示する。また日々の目標に向けたユーザーの取り組み状況をグラフで表示する画面がついている。

スタイルや技術を徹底的に追求したそのインソールが、イノベーションであることは明らかだった。チームは新しい技術を発明したわけではない。彼らは技術の新しい利用方法と、それを伝える新しい方法を発見したのだ。

ニューバランスは、このコンセプトについて、同じくイノベーティブでユニークな他の五つの商品コンセプトとともに、特許を仮出願した。これらのコンセプトは、同じ統合商品開発クラスのチームが作ったものだ。ニューバランスはそれぞれの事例を分析し、商品化のための試作品作成に投資するかどうかを決めた。同社が今後も有機的成長を目指していくなかで、さらに投資が行われることだろう。

企業と大学の共同研究によって、誰もが素晴らしいリターンを得た。ニューバランスは特許取得商品に発展しうる、多数の商品コンセプトや情報を入手した。また、イノベーション・プロセスに関する六つの事例研究により、社内にもこのアプローチを導入する上で役立つ情報を手に入れた。学生は今後社会で活かせる強力で先進的なイノベーションのプロセスを経験し、教員はイノベーションのプロセスを示す新たな事例を獲得した。

本章で示したプロセスは、リーン生産や製造品質を保証する他の取り組みにおいても、イノベーティブな商品を創り出すだろう。品質管理の最も重要な役割は、完全にコントロールした上で、自信を持って商品投入を進める能力である。商品開発フェーズの後半に機能やデザインの変更が行われると、非常に高くつき、生産や技能における品質提供能力に影響を及ぼしかねない。**曖昧な初期段階に商品の主要な問題を解決することで、後工程のプロセスはより効率的になり、製造や発売に集中できる。**

今日のイノベーティブな企業は、本章で説明したプロセスに沿って、漠然とした初期段階から、新商品のコンセプトを開発している。もっとも、その初期段階は舵取りが難しい。不確実性や不完全な情報から意思決定を下す必要があり、伝統的なタイプのエンジニアやマーケティング担当者には馴染まない。しかし、その情報が示唆する全体像を理解する能力があってこそ、イノベーティブな新商品を開発できるのだ。

本書で紹介したのは企業のベスト・プラクティスであり、一貫したイノベーション戦略である。そしてそれは、本書で新しいタイプのイノベーターとして取りあげた、ニューバランスのエディス・ハーモンとジョシュ・カプラン、チャック・ジョーンズ、ディー・カプール、その他の人々が実際に用いているアプローチでもある。

10 知財戦略をデザインする

本章の知的財産権に関する記述は、全て米国の基準に基づいています。

イノベーションでは、通常の特許だけでなく、意匠特許や商標も重要だ。最大の防御策は総合的な知的財産保護であると早期に認識すれば、技術の研究開発にも、ブランド・アイデンティティの維持にも役立つ。賢い企業はすでに、法的テクニックを駆使して自社の知的財産権を保護している。

アイオア州デスモイネス市。スーザンは夫のスティーブがずっとほしがっていた犬をついに手に入れた。子供のオムツがようやくとれ、ペットを飼うゆとりができたのだ。スーザンは、抜け毛の少ない犬を探したが、結局、ドッグ・シェルターから雑種をもらいうけることになった。その犬はとても可愛いかったが、抜け毛が多かった。スーザンは掃除嫌いで、スティーブはそれに輪をかけて嫌いだった。以前なら週二回の掃除サービスで十分だったが、犬を飼うようになると、床は抜け毛だらけになった。

ところがプロクター・アンド・ギャンブル（P&G）から革命的な床掃除用商品「スウィッファー」が発売されると、床掃除の方法が一変してしまった。やがてスウィッファーは、商標登録された商品名としてだけでなく、「床をスウィッファーしよう」という動詞になるほど浸透した。これは、P&Gが仕掛けたわけではなく、自然にそうなったのだ。

それまで大仕事だった床掃除は、取替用クロスのついた使いやすいドライ・モップに置き換えられた。クロスのきれいな面で床を一拭きすると、静電気によって、ゴミや犬の毛が一掃された。スウィッファーのモップは扱いやすく、ヘッド部分が自由に回転するので、狭い場所も難なく掃除できた。力を入れなくても、床の上を滑らせるだけで汚れを吸着できた。クロスが汚れで一杯になれば、簡単に取り替えることができる。

スウィッファーの登場は、素早く簡単に掃除したいという母親たちの念願をかなえた。床掃除は気の重い作業ではなくなり、スウィッファーを使えば床のどの部分もすぐにきれいになった。もちろん、父親や子供たちにも簡単に扱えた。

スウィッファーに感激したスーザンは、姉妹商品のウェットジェットも購入した。それは、モップ掃除の前に床に吹きつける掃除用洗剤つきのセットだった。スウィッファーが箒《ほうき》に置き換わったように、ウェットジェットもモップに置き換わった。汚いモップと汚れた水の入ったバケツの代わりに、内蔵式のウェットジェットは、手を汚すこともなく、汚れたらクロスを取り外すだけでよかった。

P&G——知財戦略で優位に立つ

P&Gにとって、使い捨てクロスはとても重要な収益源である。モップ本体はクロスを使うシステムにすぎない。使い捨ての付属品をコンスタントに販売するというモデルは素晴らしく、かつてIBMがコンピュータのパンチカードで行い、現在でもジレットが髭剃りの刃で用いている。ジレットが髭剃りの本体を喜んで提供するのは、刃を買わないと使えないからだ。一枚一ドルの替え刃は、だいたい毎週交換する必要がある。景気がいかに悪かろうが、皆が身だしなみをよくしたいと思うかぎり、替え刃を買うことになる。

どの産業も、パンチカードや替え刃のようなものを求めている。スウィッファー[★1]はまさにそれを見つけたのだ。市場に競合品がひしめき、他にも同じようなクロスがあるのに、スウィッファーは依然としてそのカテゴリーのリーダーであり、そのブランドは強力だ。

P&Gはその歴史を通じて、戦略的な成長とは何かを理解してきた企業だといえる。**戦略的な成長とは、外部成長と内部の有機的成長のバランスが良いことを意味している。**戦略的であるためには、外部企業の買収と内部の開発を駆使して、企業の中核となるミッションを一貫して実現していく必要がある。一八三七年、ウィリアム・プロクターとジェームズ・ギャンブルは、オハイオ州シンシナティにロウソクと石鹸のメーカーを創業した。二〇〇四年、同社の売上は五一四億ドルにまで成長しているが、実は商品のほとんど全てが、ロウソクと石鹸に起源

★1 Swiffer
http://www.swiffer.com/

をたどることができる。意外かもしれないが、スウィッファー、パンパース（紙オムツ）、プリングルズ（ポテトチップス）は、ロウソクと石鹸から発展したものだ。ロウソクと石鹸は、食肉処理業界からのラードや牛脂という共通の材料を用いた、いわば姉妹商品だった。

一九〇一年に、油が石鹸の製造に使われるようになり、P&Gは主に綿花油を作るために、バックアイ・オイルという企業を設立した。ウィルヘルム・ノーマンから水素化の米国特許の権利を獲得したのち、同社は一九一一年に「クリスコ」の販売を開始した。油を搾ったあとに残る繊維質の材料は、最終的にセルロースのスポンジのもとになった。また、その吸湿性を活用して、「チャーミン」というトイレットペーパーを生み出した。チャーミンの吸湿性と柔らかな品質に注目して開発したのがオムツで、一九五〇年代に内部のイノベーションによって、使い捨てオムツ「パンパース」を生み出した。さらに、トイレット・ペーパーの吸湿性を応用して、ペーパータオル「バウンティ」を開発した。バウンティの素材は、いくつかのイノベーティブな化学技術と組み合わさり、スウィッファーのクロスのベースとなった。

P&Gは他社を買収して、外部の専門知識を手に入れることもあった。たとえば、ピーナッツバター「ビッグ・トップ」を作っているウィリアム・T・ヤングを買収した。P&Gは、すでにピーナッツバター・メーカーに油脂安定剤を供給し、ピーナッツバターの生産に必要な専門知識を一部持っていたが、この買収により、ピーナッツバターのブランド「ジフ」の生産に向けてさらに専門性を高め、生産設備も手に入れた。また、油の利用を食品に拡大して成功した例は、ポテトチップスだ。一九六八年、社内で開発したポテトチップス商品「プリングルズ」を発売した。戦略的な例としては、一九九九年のアイアムズ・ドッグ・フードの買収である。このときもP&Gは、すでに関連する専門知識を持っていた。ドッグフードには油脂が含まれているからだ。P&Gはその専門知識を応用すれば、新商品を開発できることに気づいていた。たとえば、人間用の商品の専門知識を使って、虫歯予防効果のあるドッグ・フードのような商品が開発できる。

コア商品である石鹸とロウソクを軸として展開するP&Gは、他社や他の商品ラインを買収して成長することに、不安を抱いていなかった。ウェスティンハウスがCBSを買収したとき、コア事業の改革ではなく、むしろコアから離れてしまい、その後の衰退へと突き進んだのに対し、P&Gは自社のミッションに忠実であり続けた。

社内の幅広い有能な研究開発グループも、新商品を開発した。最近、特にCEOのA・G・ラフリーの指揮下で、内部成長の傾向が顕著になってきた。ラフリーとP&Gは、今日の差別化にはイノベーションが欠かせないことを理解している。

ラフリーの「三六〇度イノベーション」と完璧な事業体制の確立に対する尽力が実り、P&Gは近年、マーケティングやエンジニアリングの優秀なチームに加えて、社内に強力な産業デザインチームを育てることができた。また、形状やインターフェースのデザイン業務の大半と、一部の商品開発において、産業デザインやブランド・アイデンティティ、商品開発に強い外部の会社を活用している。しかし、デザインチームが成長し、社内でコーポレート・ブランド・アイデンティティがよく理解されるようになったことも相まって、デザインチームは重要なプロジェクトの主導権を握るほどの専門性を持ち、企業の将来を左右する部門として、大いに期待されるようになった。

ノウハウを守れ

P&Gは、スウィッファー・ブランドで、床掃除のシステムを創りあげた。しかし、市場にはスウィッファーしか存在しなかったわけではない。S・C・ジョンソンのプレッジ・グラブイットも同じ月に発売され、普通の人には、どちらも差はないように見えた。ではなぜ、消費者はグラブイットではなく、スウィッファーを選んだのか。

理由はいろいろある。第一に、スウィッファーは市場に一番乗りした。市場のパイオニアはしばしば、商品とブランド認知で優位性を獲得する。とはいえ、プレッジのドライ・スウィーパーも遅れること一カ月足らずで投入され、スウィッファーに市場を独占させるほどの時間を与えたわけではない。

第二に、P&Gは競合に追随を許さないほどの強力な広告キャンペーンを行った。消費者がすでに商品について知っている類似商品とはちがい、新しいタイプの商品を投入する際には、度重なる広告で消費者を啓蒙するという泥臭い仕事をする必要がある。しかしここでも、同じ月に商品を発売したプレッジはP&Gほどの広告キャンペーンを行わなかった。ただ、産業専門家の話では、この手の商品がここまで成功するとは誰も期待していなかったという。そのため競合は、広告予算を戦略ポートフォリオ内の他の商品に当てたのかもしれない。

第三の理由は、スウィッファーは知的財産権を活用して、その優位を維持していることだ。知的財産権は企業にとって重要な戦略的な差別化要因である。多くの場合、競争から一歩抜け出すのに役立つのは、商品、社会基盤、労働力、顧客基盤ではなく、知的財産権である。世界中の国々が知的財産権の威力や重要性を認識し、企業に法的手段を提供し、そのノウハウを守れるようにしている。

知的財産権——特許

米国の司法制度では、一般的に、製造されたもの、表現されたものは全て他の人がコピーできると考えている。例外は知的財産権法で保護されているものだ。[★1] 法的な知的財産権保護にはいくつかの側面があるが、商品開発においては、技術とスタイルに分かれる。

技術面では、特許が機能と製造に関するイノベーションを保護する。特許は、商品開発における知的財産権を保護する手段として最も広く理解され、よく活用されている。企業や個人にとって特許の恩恵は、基本的にその技術の使用を限定的に独占することを政府が認めるという点にある。独占といっても幅は狭く、特許にクレーム（請求範囲）として記述されたものに限られ、

★1 Seventh Circuit Court of Appeals. *Thomas & Betts Corp. v. Panduit Corp.* 65 F.3d 654, 1995.

L. A. Gear, Inc. v. Thom McAn Shoe Co. 988 F.2d 1117, 1993.

期間も限定されている。たとえば、米国での保護期間は、特許庁への出願日から二十年間である。

P&Gは、スウィッファーに関して二つの特許を取得している。一つは、どんなメカニズムでモップの先にクロスをつけるかといったモップシステム全体に関するもので、もう一つはクロスの構造に関するものだ。なお、他にもイノベーションの土台となった関連特許を持っていたが、二十五年前に取得されたもので、すでに保護期間は過ぎてしまっている。また、同社はウェットジェットについても、洗浄剤の貯蔵や液体ディスペンサーの仕組みなどのモップシステムに関する四つの特許や、特定の吸湿特性を持ったクロスに関する特許を取得している。

しかし、スウィッファーには機能を超えるものがある。知的財産権というと、技術的な特許のことを考える人が多いが、スタイルの特性も、商品やサービスにとって強力な保護手段となる。外観、ブランドといった商品と顧客間の一般的なつながりは全て保護できるのだ。実際に、商品やサービスのスタイルを保護する場合には、意匠特許、著作権、トレードマーク(商標)、トレード・ドレスなど、さまざまな方法がある。

知的財産権——意匠特許

意匠特許は、通常の特許に付随するものだ。商品の形状に関する意匠特許は、美観面のイノベーションを創造する努力を保護する。意匠特許の要件は主観的な美的感覚にやや依存し、クレームの記述も簡単で、通常の特許に要求される正確さに比べると曖昧な部分がある。出願時には、あるデザインについて一つか二つの図面をつける。他のデザインがその図面に描かれているものと似ていれば、意匠特許の侵害に当たる。通常の特許よりもコストが安いので、企業は最終的なデザインの形状だけでなく、商品の形状の開発時に用いた付随のコンセプトを保護するためにも利用している。この意匠特許戦略は、ブラック・アンド・デッカーが、手を使わずに操作できる懐中電灯「スネークライト」を保護する際に用いたテクニックで、類似品数件に対して法的な有効性を発揮した。

意匠特許に比べて、通常の特許は正確さが要求されるので、専門家が言葉を選びながらクレームを作成する。たとえば、スウィッファーの特許のように、クレームに「ハンドル」といった言葉が含まれる場合、「ハンドル」の定義は何かが法的に問われるという難しさがある。コスト面でも意匠特許よりずっと高くつくが、企業は関連特許で全体的に保護体制を固めるのが通例だ。

スウィッファーは、ドライ・モップとウェットジェットでそれぞれ二つの意匠特許を取得している。ドライ・モップの意匠特許は、滑り止め加工を施したハンドル、長いポール、平らなヘッドなど、モップシステム全体の形状に関するものだ。ヘッドが回転する機能は直接的には意匠特許に関係ないが、それが組みこまれた外観は対象となる。ウェットジェットの意匠特許は、グリップと収納容器の外観に関するものだ。

米国では特許の保護期間は出願後二十年間だが、意匠特許は登録後十四年間である。法廷はどうやら、スタイルの変更は技術の変更よりも早いと認識しているようだ。アパレルやファッションなど一部の業界では、特許や特に意匠特許の活用には慎重である。半年かそれよりも短い期間で新しいスタイルが導入されるため、特許の保護があっても、優位性を保てないからだ。

特許が期限切れになれば、誰でも、その特許に描かれている通りの機能や外観を持った商品を作ることができる。経験豊富な企業は、競争優位を維持するために、商品の周辺のイノベーション、特徴の改良、スタイル変更などを行いながら、新しい特許出願を行っている。

知的財産権——著作権と商標

企業は、音楽、文章、映像、絵柄、形といった原作者の作品や、ロゴのような言葉、名前、シンボルで製造元を示すものを、著作権と商標で保護することができる。米国では、著作権の保護は作者の死後七十年間有効である。企業が作者である場合、最初の登録から九十五年間か、創作時点から一二〇年間か、いずれか短いほうが該当する。また、本や音楽のような商品の多くは、無条件に著作権が与えられる。

一方、ブランドの保護に非常に重要な商標は、使用しているかぎりは永遠に更新できるが、メンテナンスが必要だ。一般語になってしまうと、商標として維持できなくなるのだ。たとえば、ナイロンとアスピリンは一度商標登録されたが、今では普通の語彙になっている。そのためP&Gは、実は「スウィッファーする」という動詞が普及しすぎないことを望んでいた。商標を失わないための一つの方法は、新商品に二つの名前、つまり商標名（例：ニュートラスウィート）と一般名（例：アスパルテーム★1）をつけることである。

商品デザイナーの多くは、商標の重要性をあまり認識していない。同様に、多くのエンジニアリング重視の企業は、ブランドの重要性を過小評価している。

知的財産権――トレード・ドレス

著作権と商標は、商品そのものの外観を対象としていない。長期的に商品の外観を保護するための強力な手段は、その商品のトレード・ドレス★2を確立することだ。トレード・ドレスは一般的にあまり知られていないが、長期的にブランドの恩恵を保護する知的財産権として最も重要なものである。トレード・ドレスは、商品とその製造元を関連づけ、商品やサービスの外観を保護する商標である。意匠特許ほど具体的ではないが、類似点があり、より広範で、効果が持続し、商標と同じく、それを使うかぎり維持することができる。また、顧客に二次的な意味を連想させる。つまり、商品やサービスの機能面以外の特徴から、人々の心のなかに商品やブランドを連想させるのだ。

★1 ザール社が開発した合成甘味料。

★2 製品のパッケージに使われる宣伝用印刷物全般を指し、パッケージ上のマークだけでなく、パッケージの大きさ、形、色、デザイン、素材なども含まれる。日本の商標法には、トレード・ドレスに関する規定はないが、米国では、ランハム法43条で「他社によるトレード・ドレスの使用が禁止」されている。

トレード・ドレスの典型的なアプローチは色である。たとえば、「紫色のピル」からネクシアム[★1]（紫のカプセルに金色の三本線がついている胃薬）、ＵＰＳ[★2]の茶色（同社のキャッチコピー：What can Brown do for you?）などを思い浮かべてみてほしい。色から特定のブランドが連想されることで、その商品は競合から差別化される。色そのものには機能がないが、色から特定商品が連想されることで二次的な意味が確立され、他の胃薬は紫にできないし、フェデックスやＤＨＬなどの他の運送業者は、自社の識別に茶色を使うことができない。

スウィッファーの場合、深緑色の箱、水色のハンドルとベースが、プレッジやクロロックスなどの競合商品から差別化する要因になっている。トレード・ドレスは、商品のブランド・アイデンティティについても効果を発揮する。ただし、こうした二次的な意味を確立するには、少し時間がかかり、企業はパッケージと商品の関係を生み出す意図があることを法廷で証明しなくてはならない。証拠となるのは、販売実績、広告投資、顧客調査、さらには顧客の証言だ。ネクシアムが、ピルが紫色であることをアピールしたり、ＵＰＳが茶色から同社を想起させるために、どれだけの金額を投じたか、考えてみるとわかるだろう。

知的財産権——トレード・シークレット

知的財産保護のツールとして、他にトレード・シークレットというものがある。これは、自社

★1 アストロゼネカ（AstraZeneca）が製造・販売する胃薬。

★2 UPS：United Parcel Service Inc. 世界最大の貨物輸送会社。

商品の発売前から競争優位を保ちたいと思っている企業や、リバース・エンジニアリングが不可能な商品（今日の技術では、保護がいっそう難しくなっているが）を持っている企業がとれる選択肢である。トレード・シークレットは明らかにその秘密を守ることによって保護されるが、従業員が頻繁に他社に引き抜かれる今日の環境では、以前にも増して保護が難しくなっている。トレード・シークレットの例としては、コカコーラのレシピやコダックの乳化剤があげられる。これらの配合は、社外の人は誰も知らない。だが、スピーディな市場の技術やファッションのトレンドなどは、発売までしか秘密が守られないことが多い。競合が追いつくまでに、その技術やスタイルは流行遅れになっているからだ。

スウィッファーのクロスの構造は、トレード・シークレットの候補となったかもしれない。しかし今日では、競合が同等のクロスを素早く創り出せる可能性を否定するのは難しい。現状では、各社のクロスの性能が実際には異なっていても、広告キャンペーンで訴求しないかぎり、平均的な顧客にはその違いがわからないだろう。

知的財産権――特許の仮出願

通常の特許出願のコストは高く、弁理士の費用、発明者の時間、書類の費用などが必要だ。しかも、開発したコンセプトについて他者と議論し、その価値や潜在的な収益性を評価するには時間がかかる。仮出願は一年間の保護を得る安価な方法で、そのあと本出願をすればよい。本出願をしない場合、保護はいっさい受けられなくなるが、仮出願はコンセプトを評価するための最良の方法だけでなく、うっかり公表するミスから特許の有効性を守る方法でもある。米国では公表された発明は出願までの一年間保護されるが、ヨーロッパや日本など多くの国では、一般に公表すると特許権は取得できない。しかし、仮出願をしておけば、そのあと公表しても保護される。

仮出願は、ベンチャーや小さな企業にとっても強力なツールだ。投資するだけの価値があるか確認するために一年の猶予が与えられるだけでなく、特許料に当てる財源を一年間先延ばしにできる。一年以内に売上や資金調達を見込んでいる新会社は多いが、競争に必要な知的財産権を早い時期に取得し、イノベーションの世界で差別化することは、非常に重要だ。仮出願は、知的財産権の保護を可能にする戦略的なツールといえよう。

商品システムの特許

これまでは技術に関する特許ばかりが注目されてきたが、P&Gは近年、スタイルに関する知的財産権も同じくらい重要であることを認識するようになった。スウィッファーのクロスだけでなく、人々の使い方——多忙な人の家庭生活に合わせて、簡単に片手でクロスを付け替えたり、色の選択、ライフスタイルに配慮したモップのデザインを重視したのだ。

技術とスタイルの両面を含めた商品システム全体に関する特許の例として、P＆Gのミスタークリーン・オートドライ・カーウォッシュ★1がある。イノベーティブな洗浄技術、「ミスタークリーン」ブランドを訴求する同商品は、退屈な重労働、洗車時間、その後の乾燥において、驚くべきイノベーションを実現した。

この商品の仕組みは、洗剤に含まれたポリマーとフィルターを通した水のシャワーで洗車を行い、水滴を残さずに急速乾燥するというものだ。ポリマーとシャワーヘッドは個別に特許取得済みであり、フィルターも特許出願中である。また、これら全てをセットにした完全な洗車システムとしても現在特許を出願している。同商品は、大きなボタンで三つのメニューを簡単に切り替えることができる。噴霧器は持ちやすく、青紫色を基調に明るいライムグリーンのアクセントを用いて、インタラクションが必要なあらゆる部分でユーザーをガイドする。ユニットに簡単に装着できる特別なフィルターがデザインされ、大きな引き手がついたゴム製の栓を開けて、特別な洗剤の容器を用いる。フィルターと洗剤はそれぞれ詰め替え可能で、一回の詰め替えで約十回の洗車ができる。そうした形をとることで、P＆Gは、スウィッファーのクロスと同じような収益構造を作りあげている。

また、マニュアルも視覚的でわかりやすく、商品全体を完璧なものにしている。たとえば、「よくある質問」の項目（ウェブサイトでも閲覧可能）には、車に不快な水滴が残る場合、一年間の返金保証があるという記述のあとで、「古いバケツとゾウキンはどうなるのでしょうか」と

★1 Mr. Clean AutoDry Carwash
http://www.autodry.com/

いった質問がある。答えはといえば、「正直なところ、そのゾウキンを今後使う見通しは暗いようです……」とある。要は、その商品が本当に便利だということだ。

洗車システムとしてではなく、P&Gは各要素をばら売りすることもできた。バケツとセットにした洗剤や、ホースにつける単純なフィルターの販売だ。だがその場合、P&Gの収益率は、もっと低くなっていただろう。さらに、使用経験における完全さや魅力が薄れ、顧客の誤用が起こりやすくなり、結果として、うまく洗車できず、商品は失敗していたかもしれない。

製造と提供の特許

知的財産権とその保護の対象には、商品の製造方法や提供方法も含まれる。最近、遊園地を訪れた人は、「未来のアイスクリーム」のディッピン・ドッツ[★1]に気づいて、試しに買ってみるかもしれない。ディッピン・ドッツは、カップに入ったつぶつぶのアイスクリームだ。きわめて低温だが、舌の上で溶け、不思議なことに、冷たいものを食べたときに感じる「頭に凍《し》みる」感覚を感じない。

ディッピン・ドッツの魔法は、その製造方法と提供方法にあり、どちらも特許を取得している。意匠特許を含む十二以上の特許（これには、ポップコーンのように見えるアイスクリーム「ポップコーン・アイス・クリーム」という新しいイノベーションに対する特許や意匠特許も含まれる）と、製法特許が

★1 dippin' dots
http://www.dippindots.com/

製品を守っているのだ。発明したカート・ジョーンズは、極低温という科学分野の専門家であり、この技術は、最近、医療目的で利用されている。ジョーンズは専門知識を生かして、その技術をアイスクリームの製造に応用した。マイナス一〇〇度以下の庫内で特別な方法を用いて、混ぜ合わせたクリームの粒を落としていく。クリームは小粒の状態で急速冷凍される。そして、マイナス四十度で保存して、粒の形状を維持する。ほとんどの冷凍庫の温度はマイナス十八度なので、貯蔵や提供するためのシステムも開発する必要があった。こうしてアイデンティティの一貫性を保つことで、ディッピン・ドッツは全米中に認知されるブランド・エクイティを築いた。近い将来、全世界でも認知されることだろう。

ディッピン・ドッツの製造方法や提供方法のように、全ての商品にはそれを支えるサービスが必要だ。その一方で、全てのサービスは、それを支える商品セットが必要である。スターバックスは、焙煎プロセスや、タンブラーカップやフタなどのサポート商品で数件の特許を持っている。また、軽量の什器や壁の燭台などの環境面の特徴や、チューインガムの缶などで、いくつかの意匠特許を取得した。これらは全て、そのブランド・アイデンティティを特定し維持するのに役立っている。

アイデンティティを保護する

賢い企業は、知的財産権を保護するために多数の法的テクニックを駆使している。企業は今や国際的な知的財産権の保護が、自社のイノベーションを促進し保護する最良の方法だと認識しなければならない。

知的財産権がパズルの重要な一部である理由は、ブランドの定義と保護に役立つからだ。技術のイノベーションは特許で保護され、スタイルのイノベーションは意匠特許で保護され、商品の識別要素、色、パッケージ、一般的な表記は著作権、商標、トレード・ドレスで保護される。そして、それらが合わさって商品のブランド・アイデンティティを定義し差別化するのである。

11 チームをデザインする

商品開発に長けた企業は世界中に多数存在する。しかし、内部の専門知識に外部の商品開発スキルをうまく取り入れて活用している企業は少ない。本章では、どうすれば社員と外部コンサルタントが、それぞれの商品開発スキルを最大限に発揮できるかを考察する。彼らは何をどう実行すべきか。企業は彼らをどうマネジメントすべきだろうか。

ニューヨーク州バーミントン市。トップマネジメントの月例会議で、ポールは、新商品の開発にあたって、新しいデザインのプロジェクトの責任者に選ばれた。

ＣＥＯは彼を呼んで個人的に言葉をかけ、会社として最も重視している仕事だと告げた。ポールがまずＣＥＯに尋ねたことは、これは昇進なのか、自分のキャリアにどんな意味があるか、ということだった。これは、ポールのキャリアにおいて、重要な成長ステップにも、キャリアを阻む壁にもなりうる。それに、彼の会社はこれまでデザインを重視したことがなかった。

今回のプロジェクトに際しても、会社側からのガイドはない。助言してくれる人やモノは何もなかった。自分は何をすべきか。デザイン専門のスタッフを雇う予算を会社に求めるべきか。そのコストを賄う予算がどこからとれるか、自分で調べなくてはならないのか。

ポールにとって大きな問題は、自社のデザインへの取り組み姿勢が曖昧なことだった。現ＣＥＯはデザインが好きだが、この会社に来てから日も浅かった。

また、彼はビジョンを持っていたが、それはまだ企業文化の一部になっておらず、単なるビジョンにすぎない。彼のデザインへの姿勢が、長期的なものか一時的なものかもわからない。過去にも社内で商品デザインが行われたが、重視されていたのは技術だったのだ。

なぜ失敗するのか？

ポールが抱えているような問題は、イノベーションの新しいパラダイムを探している企業にしばしば見られるものだ。商品開発への関心が高まっている現在、マネジャーは、自社をプロジェクトベースから商品ベースの企業へと変革させるという難しい問題に直面している。これまで長らくエンジニアリングの世界に馴染んできたビジネスにおいても、商品開発チームの他のメンバー、たとえば、商品開発専門のコンサルタントや産業デザイナーなどの役割について学習しているところだ。

本章では、外部の商品開発コンサルタントを雇うか、社内の人材で行うか、その両方を使うかを決めるときに、企業が直面する葛藤について触れる。最も良いのは「両方使うこと」だが、真の問題は、外部コンサルタントと社内の人材に何を期待すればよいかを理解することだ。

冒頭にあげたポールのジレンマは、多くの企業のマネジャーが直面するものである。誰を雇うか、どのように雇うか、どこで雇うかの判断に迷っている企業を、我々はこれまで何度も見てきた。ある中規模の企業は、かなりの時間と労力を費やしてインタラクション・デザイン担当マネジャーを探していた。それまで、社内に産業デザイナーが一人しかいなかったので、そのポジションを新設したのだ。

この企業は経営資源を直販市場にシフトしているところで、顧客への訴求力をもっと高める必要があると認識していた。経営陣は、家電分野で経験豊富なシニア・デザイナーを雇った。しかし、社内の既存スキルやケイパビリティと、新しいデザイン重視の姿勢をどのように統合すればよいか、彼らはよく理解していなかった。デザインにはどんな資源投入が必要で、どんな成果が期待できるのかさえ分かっていなかった。たとえば、デザイン担当マネジャーには高い給料を払ったが、必要なサポートスタッフを雇うための財務的な配慮は行わなかった。

雇われたデザイン担当マネジャー自身も、エンジニアリングとマーケティング中心の企業文化のなかでの仕事の仕方がわかっていなかった。彼はデザイン担当スタッフと働くことには慣れていたが、マーケティング・グループと気まずい関係になった。それまで、デザイン会社を選び、一緒に仕事をするのはマーケティング・グループの役割だったが、その部分を侵害してしまったからだ。社内で対立が起こった結果、彼はそのポジションを去った。ポジション新設から、わずか三カ月後のことだった。

また、主要な商品のモデルチェンジに、有名なデザイン・コンサルティング会社を起用した企業の事例もある。そのコンサルタントがデザインした商品は、どういうわけかうまく機能しなかった。その商品は従来品に追加機能を組みこんだデザインになっており、コンサルティング会社がその要素をデザインしたのだが、新商品の外見は、もととなった商品ほど美しくなかった。モデルチェンジの典型的な失敗例だ。企業が分析したブランドに関する包括的な情報が、コンサルティング会社に渡されなかったせいで、その新商品は外見や雰囲気で既存商品との一貫性が作り出せなかった。さらに、商品の利用や浸透において非常に重要なインターフェースも、必要な性能との関連づけがうまくできていなかったのだ。

責任は、コンサルティング会社とその企業の双方にあった。企業側はその商品に必要な要素を適切に伝えていなかった。コンサルティング会社を雇って指示を出したマーケティング・グループは、技術やインタラクションに関する必要な要素を人任せにしていて、エンジニアリング・グループはコンサルティング会社に正しい詳細情報を渡していなかった。コンサルティング会社側も、ろくに質問もせずに与えられたものを鵜呑みにし、商品の使用状況を十分に理解するための追加的なリサーチを実施しなかった。どの部門も自分の領域に関与するだけで、プロジェクト全体に責任を持つ部門がなかったのだ。

このように、社内のデザイングループの構築と、外部の商品コンサルタントの効果的な活用とのあいだにはトレードオフが生じうる。両者のバランスをうまくとることが重要だ。ワールプールは、特定ブランドの幅広いニーズをサポートする、専門性を持った社内チームを設けている。その一方で、グローバル・ブランド担当バイスプレジデントのチャック・ジョーンズは、世界有数のデザイン・コンサルティング会社をうまく活用している。そうすることで、社内の知識やケイパビリティについての理解を、外部の有能な人材の気づきや手法によって補うことができる。社内グループのみに頼ると自己満足に陥る危険性があり、コンサルティング会社に任せると顧客や市場との関係に連続性を欠きかねないが、両者を適切に融合させることで、企業は両方の強みを生かし、イノベーションにおいて最高の状態を維持できるのだ。

企業によっては、自社の技術を完成品にする際に、外部のコンサルティング・グループを雇うケースもある。特に社内スタッフを雇うほどの経営資源を持たない小規模な企業でよく見られる。いずれにしてもコンサルタントをうまく使うための最初のステップは、彼らのケイパビリティと手法を理解することだ。ここでは、米国で最も有名な商品コンサルティング会社ＩＤＥＯ★1について紹介しよう。

ＩＤＥＯは、世界で最も面白い商品デザイン会社の一つだ。その成功は、デザイン・コンサルティング会社の位置づけを、外部の疎遠なサービス企業から、イノベーション・プロセスの中核プレイヤーへと修正したことにある。「デザインの力」を取材したビジネスウィーク誌のヌスバウムによると、ＩＤＥＯや他の同様なコンサルティング会社は、顧客インサイトをマイニングの手法によって分析し、統合し、それを商品の基準や形状へと作り変える新しいアプローチを用いている。このアプローチで適切なプロセスを踏めば、市場における商品の位置づけを強化し、ブランド・アイデンティティを確立し、最終顧客や他のステークホルダーを満足させ、より大きな収益を生むことができる。それは第1章で紹介したディー・カプールやチャック・ジョーンズ、エディス・ハーモンが用いているイノベーションのプロセスだ。しかし、企業が自らイノベーションのプロセスを運営しているのに、なぜコンサルティング会社の力を借りるのだろうか。

イノベーション・プロセスにおいて、生み出される新商品は既存の全商品ラインと一貫性を保つ必要があり、そこで示される新しい方向性は、社内の理解を得て、社内で育成・支持されなくてはならない。しかし、そうした有機的成長は、あらゆる面で社内発のものである必要は

★1 IDEO
http://www.ideo.com/

ない。有機的成長で重要なのは、誰がその仕事をするかではなく、会社の成長がそのアイデンティティや能力と整合性を保っているかどうかである。ときには外部から新しい能力を移植する必要があるのだ。

IDEO――エンジニアリングとデザインの融合

いまや世界最大規模のデザイン・コンサルティング会社の一つであるIDEOは、影響力という点でアクセンチュアやマッキンゼーに匹敵する立場にある。同社はP&G、ヒューレット・パッカード、イーライ・リリー、ペプシのような大手はもとより、ジニオ、アプロTEC、ピカブーなど、それほど有名ではない企業のためにもデザインを手がけている。テレビのニュース番組「ABCナイトライン」は、IDEOが一週間でショッピングカートのデザイン変更を行う様子を取りあげたが、同社は、高度な医療機器、映画の特撮、子供向け玩具の開発なども行っている。

IDEOは今、ミュンヘンとロンドンにオフィスを持つ国際的なコンサルティング会社だが、本社はサンフランシスコからそう遠くないパロアルトにある。一九七〇～八〇年代にかけて、シリコンバレーで急拡大したデジタル時代をサポートするため、この地に多くのデザイン会社が創業された。そのなかで、デビッド・ケリーがエンジニアリングに特化した会社として一九七八年に始めたのがＩＤＥＯだ。

同社はすぐに、自社、顧客、そのプロジェクトのために同じく雇われた産業デザイン会社とのあいだで、商品のトレードオフに関して三つ巴の折衝に巻きこまれることになった。その争点の多くは、美観と技術とのトレードオフをめぐるものだったが、その経験が後のＩＤＥＯを作る基礎となった。

ケリーは事業を始めて以来、自分のケイパビリティを広げるために、友人と組んでそのプロセスを楽しもうと心がけてきたという。彼は当時から産業デザイン会社のＩＤＴＷＯの代表、ビル・モグリッジと親しかった。モグリッジはデジタル商品用のデザインという新分野のパイオニアだ。彼は「インタラクション・デザイン」という新語を生み出した（これはデザインの最大の分野の一つへと発展している）人物であり、コンピュータ・サイエンス、ヒューマン・コンピュータ・インタラクション（ＨＣＩ）、コミュニケーション・デザインなどの分野にも通じていた。また、ケリーとモグリッジは、ＩＤＴＷＯからスピンオフして起業した産業デザイナーのマイク・ナットールとも親しかった。

一九九一年、ケリーはモグリッジとナットールに自分のアイデアを持ちかけ、北米最大のデザイン・コンサルティング会社を作るために全員の左脳と右脳を結集させることにした。三人が集まった効果は、一人一人を単純に足したときよりも大きい。ＩＤＥＯは、エンジニアリングと産業デザインを融合させた、包括的な商品開発コンサルティング会社の先駆けとなった。そして近年、ＩＤＥＯは商品デザインを超えて、サービス、環境、デジタル・インタラクションをデザインするコンサルティング会社へと進化を遂げている。同社は定性的な市場調査を行い、企業が顧客の話を聞くのを支援したり、よりイノベーティブな方法を教育したりしている。ちなみに、同社の最大顧客の一つはP&Gだった。驚くまでもないが、P&GのCEOのラフリーはIDEOの大ファンなのだ。

オハイオ州のブルーカラーが住む町で育ったケリーは、芸術と科学の両方に親しんでいた。彼はエンジニアリングと芸術のプログラムでトップ校のカーネギーメロン大学に進学した。ゼネラリスト志向の彼は、エンジニアリングの狭い領域を深く探求する代わりに、芸術科目をたくさんとり、同大学の特徴である複数専攻の雰囲気に触れた（繰り返しになるが、イノベーターには右脳と左脳のバランスが大切だ）。大学卒業後、ボーイングに入社したケリーは、その後NCRを経てスタンフォード大学に入り、当時はまだ珍しかった、エンジニアリングと産業デザインの統合アプローチを組みこんだ修士課程のコースで学んだ。そこで注力されていた創造的で定性的な問題解決に触れ、ケリーはまったく新しい次元があることを知った。その後、シリコンバレーがブームに沸くなか、博士課程に進んだ彼はハイテク企業のコンサルティングに着手し、やがて、工学博士よりも商品開発の実践のほうが適職だと判断し、IDEOを創設した。

新会社を設立してすぐに、ケリーと彼のチームは、アップルの最初のマウスをデザインした。コア技術はSRI（スタンフォード・リサーチ・インスティテュート）で発明されたが、あまりにも使い勝手が悪く、高すぎて、大量販売に向かなかった。ケリーのグループは、使いやすさと生産効率の関係を重視しながら、ボールをゴムでカバーするなど繊細な人間工学の特徴を持たせて、コストパフォーマンスも高いマウスを開発した。それまでコンピュータのインターフェースを自分の手で操作した人はいなかったので、それはまったく新しい世界だった。今日、ＩＤＥＯは四〇〇人以上の従業員を擁し、何千もの商品をデザインしている。

ＩＤＥＯの成功の理由はいくつもあるが、まず深い人間理解に基づくアプローチがあげられる。ケリーによると、本物のイノベーションは、個人や集団としての人間とそのニーズを理解することから生まれる。ＩＤＥＯのアプローチは、人々がまわりの世界とどのように相互に関係しているかを理解し、技術とビジネスの観点を調和させるというものだ。そのため、ＩＤＥＯは多様なバックグラウンドを持つ人材を広く雇用している。たとえば、社内の社会学者は、真のユーザーと真のニーズを理解する上で鍵となっている。

また、ＩＤＥＯは作業チームへの権限委譲により、イノベーティブな文化を醸成している。社内は小さなグループに分かれ、それぞれが収益責任を持ち、それは直接ボーナスに影響する。チームが自分たちで意思決定すればするほど、より良い結果が生まれるという。人々は自分で意思決定する余地を持つとともに、自身ではコントロールできない部分を理解することが必要だ。上司が規則を振りかざしたところで、チームは規則を十分に理解できないし、その精神に賛同することもない。ケリーが言うように、「創造的な人間は、上司に自分の生活を干渉されることを好まない」のだ。逆に、チームに権限委譲すれば、チームに実行を促す適切なインセンティブとなる。ＩＤＥＯでは、チームが独自に意思決定を行うことで、チームメンバーが働きたくなる環境づくりを後押ししている。

ＩＤＥＯは、ステップごとの細かな指示ではなく、デザインの枠組みを提供するイノベーション・プロセスの効果を信じている。チームは与えられたプロセスの目標を達成するために、所定のステップを踏んで仕事をしなくてはならない。しかし、各ステップをあまりにも精密に規定すれば、さらなる調査や変更の余地がほとんどなくなってしまう。繰り返し再現可能な一つのプロセスを探し当てようと悪戦苦闘している多くの企業とは対照的に、ＩＤＥＯが用いるプロセスは柔軟性に富み、そこから生まれる結果と同じくらい、ダイナミックでイノベーティブだ。時には、自社のイノベーション・プロセスをさらに改善するために、他社のベストプラクティスを取り入れることもある。

もう一つ重要なことだが、ケリーは、**イノベーションの最大の障害物は「恐れ」**だと述べている。解雇されたり、上司や同僚から過失を責められたりすることを恐れている場合、人は保身に走ろうとする。なるべく失敗をせず、生き残りたいという考えでは、もはやイノベーティブにはなりえない。なぜなら、イノベーションにはリスクがつきものだからだ。

社外コンサルタントを活用する

ＩＤＥＯの商品デザインは、スターバックスのコーヒーに似ている。他のコーヒー店でも素晴らしい経験は可能で、なかには独自のパーソナリティや商品を創りあげ、サービスの面でも引けをとらず、興味深いバリエーションを提供しているコーヒー店もある。だが、世界中のスターバックスで見出すことのできる幅広い商品や一貫した経験を提供しているところはない。

同じことが、商品デザイン会社にもあてはまる。ＩＤＥＯは多くの同業他社に対して後発だった。また、他にも優れた商品開発コンサルティング会社は存在する。しかし、ＩＤＥＯは世界中に認知されるようなブランドと品質レベルを作り上げた。同社はプレミアム価格でプレミアム商品を提供するだけでなく、継続的にイノベーションを実現し、新しいスキルとサービスを顧客に提供し続けているのだ。

一方で、ＩＤＥＯほどの知名度はないが、それぞれの地域で、多くの優秀な商品開発会社が、創造的で包括的なサービスを提供している。多くの企業にとって、こうした商品開発会社は、社内の支援体制では実現不可能なサービスを提供してくれるだろう。全ての企業がＩＤＥＯに仕事を頼めるわけではないが、どの企業も組織の成長というニーズを満たす、質の高いサービスを提供する、地域の専門会社を使うことは可能だろう。社内の成長であれ、外部のコンサルティング会社を雇うのであれ、こうしたケイパビリティはイノベーション重視の会社の成功にきわめて重要だという点を理解すべきだ。

では、コンサルタントは何をするのだろうか。企業は彼らにどんな働きを望めばよいのか。たとえば、広告代理店は印刷媒体やウェブやテレビなどコミュニケーション用のメディアを管理し、コミュニケーション・デザイン・サービスも揃えている。一方で、ブランド専門のコンサルティング会社もあり、コーポレート・アイデンティティやブランド構築におけるメッセージに特化しているが、これは広告代理店が提供するサービスと重複してしまう。この場合、ブランド専門の会社にはアイデンティティに力を入れてもらい、広告会社にはメッセージの伝達に力を入れてもらうとよい。

あらゆるフェーズで何でもするという怪しげなコンサルタントから、IDEOやインサイト・プロダクト（後述）のような、エンジニアリングや産業デザインに強い専門家まで、さまざまな商品開発会社が存在する。これらのサービスにはかなり大きな違いがある。エンジニアリング会社は、熱変換、構造、診断、製造など、特定の専門分野に強いことが多い。産業デザイン会社は、商品の種類やサービスの範囲ごとに異なっており、医療分野の商品を専門とするところもあれば、玩具、消費財、コンピュータ、デジタル機器などに強いところもある。さらには、POPやトレードショウのブースのデザインに特化しているところまである。

また、多くのコンサルティング会社に、より幅広いデザイン・サービスを提供しようとする傾向が見られる。産業デザインやエンジニアリングのグループが合併し、商品開発サービス全般を提供する例も多い。商品開発会社の最大手はリサーチ、パッケージング、POPデザインなども提供する。他にも、コミュニケーションやグラフィックデザイン・サービスを提供するところが多い。これらの会社はロゴやアイデンティティのデザインはできるが、ブランド専門会社よりも、規模やコストが異なる。さらに、ウェブデザインのみに特化しているところもある。個々の企業の専門性や得意分野を把握した上で活用することが必要だ。

リサーチからインサイトを得る

前章までにあげた課題のいくつかを解決に導く重要な要素は、顧客・ユーザー調査である。リサーチのために専門のコンサルタントを雇う場合もあれば、コンサルタント自身がリサーチを行う場合もある。また調査そのものをアウトソースすることも可能だ。人類学者が開発した民俗学的アプローチによる調査を専門とする会社もある。民俗学の手法には、観察、デプス・インタビュー★1、その他の定性的なユーザー調査の手法が含まれ、商品インサイトを得るのに役に立つ。それはマーケティング・ツールを補完し、商品開発の初期段階において、また、顧客との健全な対話を維持する上で特に有効である。こうした顧客調査手法と、従来からマーケティングで使われてきた巨大サンプルを用いた標準的な定量調査手法を、どれだけうまく組み合わせられるかは、企業による。

ボストンに拠点を置くインサイト・プロダクト★2という会社を例にとってみよう。同社では、エリザベス・ルイスが、顧客・ユーザーなど人を対象とする全米最大級の調査グループを率いている。同社のプロジェクトの多くは、ルイスと配下のチームが始めたものだ。ルイスは民俗学の研究者で、人類学の学位をとり、コロンバスにあるフィッチに入社し、商品民俗学の分野の先駆者、リズ・サンダースの指導のもとでキャリアを積んだ。ゼロックスやテキサス・インスツルメンツなどの企業と共同で重要な仕事をいくつか行ったのち、ルイスとサンダースはと

★1 Depth Interview：深層インタビュー。潜在的な意識や偏見、動機などを探るために行うインタビュー。実施には、インタビューに熟練したスキルが要求される。

★2 Insight Product Development
http://www.insightpd.com/

もにフィッチを去り、サンダースは自らソニック・リムを創業し、ルイスはボストンに移ってインサイト・プロダクトで働きはじめた。

インサイト・プロダクトは、自社のコアコンピテンシーとして、商品調査サービスを常時提供できる数少ない会社の一つだ。同社はフルサービスを提供する商品開発会社だが、新規機会を探る調査のために同社を用いる企業は多い。ここでルイスは、人類学の専門知識を商品やサービスのデザイン向上に応用することを学んだ。彼女は、サブカルチャーの研究から出発し、商品やサービスのデザイン向上の方法を判断するまでになった。また、リサーチからのインサイトを商品開発チームに効果的に伝える方法も学んだ。多くの企業が抱えている問題の一つは、リサーチでの発見を商品の特徴や形へと変換するコミュニケーション方法を理解することだ。

インサイト・プロダクトのプロセスはＩＤＥＯと似ていて、調査チームには心理学者、社会学者、人類学者だけでなく産業デザイナーやエンジニアも加わっている。産業デザイナーの多くは、人間工学に関するバックグラウンドもあり、商品調査を実施できるだけでなく、素晴らしい観察能力も持っている。社会学者は人間の性格や社会基盤を観察し、そこからの発見を行動や嗜好のパターンへ変換する訓練を受けている。エンジニアは課題分析、機能面の理由づけ、統計分析などにより別の視点をもたらすことができる。チームは、クライアント企業がこの研究を生かして商品やサービスのデザインを考えるために何が必要かを明らかにする。これまで、ルイスは誰からも、商品コストの削減に関するインサイトを探すよう求められたことがない。その代わりに、市場に投入する商品の機能や外観においてイノベーティブな変化につながるような観察をいつも期待されている。

ルイスとそのチームは、エアロカンパニー[★1]から、人々が作業用の酸素マスクをどう着用しているかについて新しいインサイトを探してほしいという依頼を受けた。エアロはライバルの3Mと競争するために、コスト削減ではなく、イノベーションを活用する方法を探していた。3Mはテープやポストイット市場を持っているだけでなく、安価な酸素マスク事業も手がけていた。3Mは材料費の価格コントロール力により、競合が収益を出せないほどコストを低く抑えることができたのだ。エアロはどのように持ちこたえればよいか悩んでいた。同社はただ新しいマスクのデザインのためにインサイト・プロダクトを起用したのではない。インサイト・プロダクトが、この課題解決の鍵となる、優秀なユーザー調査チームを擁していたからだ。

ルイスとそのチームは、呼吸マスクの利用者を観察し、いくつかのインサイトを得た。彼らは、一日中マスクを着用している人々を調査した。午前中にマスクをつけては夜はずすという行為を嫌う人々を見つけるのは造作なかった。ほとんどのマスクには細いヘッドバンドがついていたが、髪にからまり、頭を締めつけるので、着用者は煩わしく感じていたのだ。驚くべき発見は、作業員の休憩中の様子を観察していたときのことだ。奇妙なことに、誰も休憩時にマスクをとろうとはしなかった。その代わり、マスクを首のほうにずらして、緊張をほぐしていた。彼らは一日に五〜十回休憩をとった。皮肉なことに、そのほとんどがタバコを吸うためだったが、インサイトのチームはそうした休憩も見逃さなかった。そして、着脱を容易

★1 Aearo Company
http://www.aearo.com/

にするだけでなく、休憩中も扱いやすいマスクを作ることに商機を見出した。

その解決策が、数々の賞を受賞した、人間工学のインサイトを用いたマスクだ。インサイト・プロダクトは画期的な解除用留め金を開発して、着用者がマスクの前を開けて、緊張感を和らげられるようにした。留め金を閉じれば、マスクを顔のほうに引き戻すことができるので、髪を引っ張る細いゴム素材は不要になった。後頭部を包むカップは、留め金を閉めたときにマスクを正しい位置に保ち、着用中もつけ心地のよい位置を維持した。生産コストは高かったが、エアロの収益幅は、3Mとコストで競争しようとしていたときに作ったどの商品よりも、はるかに大きかった。

インサイト・プロダクトはエアロを助けることで、呼吸マスク市場に競争をもたらした。また、このデザイン・プロジェクトの重要な成果は、マスクの着用者が増えたことだ。マスク着用規則の遵守はそれまで大きな問題だった。マスクのデザインが改良されて着け心地がよくなれば、従業員が規則を守るようになり、保険料が下がる可能性もあり、高いマスク代を埋め合わせる効果があるだろう。呼吸マスクが必要な業界の主要な問題である病欠や離職率の削減にもつながる可能性がある。こうしたコストが軽減されると、マスク価格の上昇を補ってあまりある効果が期待できるだろう。

ソフトとハードのバランスをとる

インサイト・プロダクトやIDEOをはじめとする一流のコンサルティング会社のデザイン開発のあり方は、さまざまな専門領域を超えた根源的なものだ。

一方には、商品デザイン、コミュニケーション・デザイン、インターフェース・デザイン、インテリア・デザイン、建築デザインなどがあり、もう一方には、コンピュータ・サイエンス、システム・エンジニアリング、人間工学、電気工学、機械工学、化学工学、材料工学、土木工学がある。これら二つのカテゴリーは、長いあいだマーケティングや販売、財務、戦略などとは対極にあるものと見なされ、どこか企業空間のすきま的な存在だった。だが、今日、差別化ができている会社は、現代的な組織構造を導入し、新しいモデルを構築している。それは、結束力のある自律的なチームで、これらの学問を一緒に活用させるモデルだ。プロジェクトチームは実際に起業家精神に満ちたベンチャーとなり、大きな組織内で事実上の小企業を形成している。

ここで、イノベーションの二つの次元、ソフトとハードについて考えてみたい。ハード品質とは、製造、技術、環境、人間工学的特徴のように、伝統的なエンジニアリングの品質であり、ソフト品質とは、感情、美的感覚、ブランド・アイデンティティ、社会的側面など、ライフスタイルを規定し、そのなかに取り入れられるものだ。これら二つの次元を融合させている企業は、大きな競争優位を持っている。難しいのは、商品やサービスの外観、雰囲気、感情を創り出すソフト品質の側面を導入する余裕が企業にあるかどうかだ。

ソフト品質のマネジメントは複数の観点で考える必要がある。第一の観点が経済性だ。ソフト品質はコストではなく、それ自身がプロフィット・センターなのだ。ワールプール、ナイキ、アップル、フォルクス・ワーゲン、BMW、P&Gは、このことを理解している。スターバックスはこの考え方の仕掛け人だ。自動車産業では、一九二〇年代後半にハーレー・アールがGMのためにデザインした新モデルによってフォードが休業に追いこまれて以来、ソフトとハードの品質の調和に取り組んできた。一方、他の企業は、CEOの気まぐれによって、二、三年ごとにデザインの促進や縮小を繰り返す傾向がある。ヒューレット・パッカードは、社内で一般消費者向けのイノベーションを育てられなかったためにコンパックを買収した。重要なのは、我々の世界は感情で動かされるということだ。そうした世界で事業を行うための投資（コストではなく）とは何かを理解して、予算と組織を再調整する必要がある。

もっとも、開発の主体が自社であれ、外部の力を借りるのであれ、その両方であれ、ソフト品質は、今のところ多くの企業の戦略に織りこまれているようには見えないし、ベンチャー・キャピタル向けに起業家が行う提案での重要項目とも見なされていない。企業評価においても、イノベーティブであるという能力が、経済的成功の必要条件と見なされることはない。我々は、イノベーションの成功と、その最終利益への直接的な影響を効果的に判断する、新しい指標を開発する必要があると考えている。そうした指標を、規模にかかわらず、あらゆる企業のプランニングにおいても中核に据えるべきだろう。イノベーションへの投資は、リターンにつながる。成長とブランドの一貫性を維持する上でも重要となる。それはコストではなく、成長を促進するために資金を配分すべき新項目なのだ。

コンピュータが事務作業で当たり前のものとなったとき、企業は相当な量の人的資源と技術的資源をそれに投じた。シックス・シグマのような品質重視の動きが起こったときには、企業は製造品質を向上させるべく、コンサルティングや、社内の品質方針の開発、人的資源などに投資した。こうした活動の必要性は明白だったため、企業の経営幹部は簡単にその基本方針を学習し導入することができた。同様に、企業は、顧客の心を動かし、自社の製品を生活のなかに取り入れてもらうために、ソフト品質を向上させる活動に投資しなくてはならない。

多様性を活かす

次の観点は、企業の内部で、誰がソフト品質をリードするかということだ。ソフト品質のマネジメント方法は企業によって千差万別だ。中央集権的だったり、分権的だったりする。担当のバイスプレジデントを置いたり、部門長にデザインやブランディングの採用や調整を任せたりすることも可能だ。マーケティング担当のバイスプレジデントやディレクターは、デザインやブランディングの課題を自分で引き受けたがるかもしれないし、その分野から新しい人を雇い入れるかもしれない。デザインとブランディングを分けて、前者はエンジニアリング部門で担当し、後者はマーケティング部門で担当するかもしれない。

経営層の大半は、ハード品質とコストの考え方のもとで教育され、働いてきた。今日の企業が直面する大きな問題は、イノベーティブで有機的な商品やサービスの開発に必要な包括的なアプローチを理解して一連の商品デザイン・プロセスをマネジメントできるエンジニア（特にシニア・エンジニア）や、マーケティングや販売のスタッフがほとんどいないことだ。また、産業デザイナーは、ビジネスの観点から効果的に指導やマネジメントを行う方法を教えられてこなかった。同様に、産業デザイン専門のマネジャーやコンサルタントは、しばしば外国にやってきた移住者のようだ。自分とは異なる言語を話し、まったく異なる前提に基づいて動く文化を目にするのだ。

新しいイノベーションの文化をマネジメントできる人材の育成は、企業が直面している大きな課題だ。単にサービスが追加されるだけでなく、新しいソフト品質の条件を理解しつつ、既存のハード品質部門をマネジメントしなければならない。企業のなかには、イノベーションに関するイベントやワークショップを活用しはじめているところもある。専門家を招聘し、イノベーションという水の入ったバケツを、喉の渇いた過労気味の従業員に投げかけるのだ。従業員たちは、すでに負荷の大きいスケジュールに無理矢理この新しい要求を追加させられる。少なくとも、多数の従業員を再教育し、新しいタイプの社員を雇うことが求められているのだ。しばしば、商品プログラム担当ディレクターが、何でも請け負うコンサルティング会社をいとも簡単に信用してしまうのも不思議ではない。そうした代替案があるときでさえ、外部のイノベーション・チームのマネジメントや指揮を行い、彼らに社内のブランド事情を理解させることは容易ではない。いま問われているのは、経営幹部にイノベーション主導の時代のマネジメントを学ぼうという意欲があるかどうかだ。

スポーツ界は、統合マネジメントのよい参考となるインサイトを提供してくれる。見落としてはいけないのが、チームの重要性とコーチの役割だ。一九九〇年代のシカゴ・ブルズ（NBAのチーム）を考えてみよう。シカゴ・ブルズが優勝したのは、マイケル・ジョーダンが、チームを向上させるために優れた個人技を活かすチームプレイヤーだったからだ。ブルズが初優勝したのは、ジョーダンが完璧なワンバウンド・パスを送ったからで、自分でウイニング・シュートを入れたからではない。ジョーダンは、自分がどれだけうまいかではなく、チームメイトに可能なかぎり最高のプレーをさせないかぎり、優勝できないことを理解していた。そして、個人の努力とチームの結束の結果、ジョーダンはブルズを六回の優勝に導いただけでなく、国際的にも優秀な選手として認められるようになったのだ。

ただし、ブルズの成功を助けたのはジョーダンの才能だけではなかった。個々のプレイヤーの背後には、コーチであるフィル・ジャクソンの存在があった。ジャクソンは、有能だが自己中心的な個人の集団を、高い業績を上げるチームへと変身させた。彼はジョーダンに、その他のプレイヤーのパートナーになることを教えた。ジョーダンはその後、ロサンジェルス・レイカーズで、コビー・ブライアントやシャキール・オニールなどの有能でプライドの高いチームメイトとともに、さらに三回優勝している。

イノベーション・チームをマネジメントすることの難しさは、ジョーダンのように有能な個人を見つけることではなく（もちろん、そういう人物はいつも大歓迎だが）、社内の優秀な人材をまとめて、高い業績を上げるチームにすることにある。それが、新しいタイプのマネジメント・スタイルだ。一人一人が自分の強みを把握するとともに、他の人の強みを尊敬しなければならない。人を解雇したり型にはめる不動産王ドナルド・トランプのようなやり方ではなく、ブルズのフィル・ジャクソンを目指すべきである。つまり、個々の持てる才能を最大限活用して、素晴らしいものを創り出す方法を見つけ出すというアプローチだ。

エピローグ

イノベーション・パワー

イノベーションは、あらゆるレベルで加速している。個人が自身で切り開く場合もあれば、国家がイノベーション支援プログラムを展開する場合もある。今やイノベーションは商品だけでなく、都市開発にも適用されているのだ。では、あなたには、こうした環境で働き、生活し、世界を豊かにするイノベーションを起こす自信はあるだろうか。どうすれば自分の専門性を高めることができるだろう。どうすれば、その専門性をチームのなかで活用し、個人でできること以上のものを創造できるのだろうか。

これまで、新商品やサービスを成功させるために必要なイノベーションのプロセスについてステップを示しながら解説してきた。それは機会をいかに捉えるかということであり、今後のグローバル経済はそうした機会の発見によって動かされるのである。本書では、その中心にいる人間についても目を向けてきた。完成度の高い商品やサービスを構想し開発する新しいタイプのイノベーターや、そうした商品を購入し使う人々だ。イノベーションは一握りの天才だけのものではない。それは商品開発担当者にとって実践可能なものであり、個人や社会にとって自らの生活を変えるものだ。

社会がグローバルなビジネス環境に適応し、個人がより有用で使い心地のよい新商品を要求し、また世界の経営資源のニーズが変化し、新技術が新たな可能性をもたらすにつれて、イノベーションが新たな機会の経済を生み出している。ここでは、新しい経済における人々と機会を中心に、パワーズ・オブ・テンの個々のレベルにおける社会、経済、技術というSET要因のダイナミクスを示す事例を取りあげたい。新しい個人、組織、市場セグメント、地域的影響、グローバル経済、イノベーターなどが集う、新しいルネサンスチームともいうべき「ステークホルダーのパワー」について考えてみよう。

個人のパワー

サリーは新しい仕事についたばかりだ。最初の仕事は、新規事業の機会を探るチームに参加することだった。その会社の商品はよく売れて収益の柱となっていたが、今後の予測では収益は頭打ちだという。成長は、すでに鈍化していた。サリーのチームは、新規サービスの機会を発見することを求められていた。同社の商品を、アイデンティティの一貫性を保ちながら、単なる商品としてではなく、サービスも含めて提供する包括的な戦略を作らなければならない。

サリーは多様なバックグラウンドを持つ八人のチームで働くことになった。多様性に富むグループで働くことに違和感はなかった。彼女はチームとの意見交換を楽しみ、ユーザー調査の分析や、特に顧客接点のインサイトについて異なる観点を知り、常に新しいことを学習している。顧客の声を聞いたり観察したりするだけでなく、商品開発プロセスに彼らを巻きこむことで多くを学べることにも気づいた。

彼女のチームマネジャーは、仕事のしやすい、素晴らしい人物だった。チームを組んだとき、マネジャーは細かな管理は行わないと明言した。マネジャーの役割はチームを支援し活気づけ、そのケイパビリティを最大化させることだ。チームは意図的にオープンな課題を与えられているため、自分たちがどこに向かっているのか見当もつかなかった。ただ「機会を発見する」という方向性が与えられていただけだ。しかし、皆そうした課題に慣れているようで、自分たちで具体的な方向性を定めることを楽しんでいる。サリーは今後半年間、この仕事が生活の中心となることを考え、わくわくしている。

このサリーの事例が示すように、さまざまなイノベーターが存在する。エンジニアリングや産業デザイン、情報デザイン、人間工学、マーケティング、アントレプレナーシップ、社会学など、数々の分野、世界中の大学で、日々新しいタイプのイノベーターが輩出されている。彼らは複合的なスキルを身につけ、事業機会にたどりつき、商品開発の方法を決める。現在の市場において、企業価値は事業プロセスの独自性よりも、従業員のナレッジに左右されることが多くなっている。また、従業員は中核となる専門知識を身につけるだけでなく、商品・サービス単位の全社横断的なプロジェクトチームで働くことに満足感を覚える。こうした個人とチームの融合が、イノベーションの新しい波を起こす起爆剤となるのだ。

企業を方向転換させるパワー

ウーはただちに上海の本社を発ち、二年間、米国の工場で働くように命じられた。米国の顧客ニーズへの理解を深めるのが目的だ。彼の会社はそれまで、主に欧米企業から依頼を受けて家具を製造するサプライヤーで、商品デザインやマーケティングの領域に足を踏み入れたことはなかった。しかし、現在の目標は家具を自社開発し、独自のブランドと米国向け商品ラインを創り出すことだった。

経営陣は、低コストの市場への参入や、品質水準を少しずつ上げていくお決まりのルートを飛びこえ、最初から高級家具を作るという目標を定めた。安売り競争を避け、国の伝統を取り入れた新しいスタイルを導入して競争をリードし、独自のブランドを構築したい。

市場では、アジア風の商品への興味が高まっていた。難しいのは、米国人の好みを踏まえながら、中国家具の由緒正しい特徴を融合させることだった。中国家具の歴史に精通するウーの新しい課題は、米国のハイエンド市場で高まっている趣向を熟知することだ。

中国企業の台頭は新たな段階に達し、世界中の企業にとって、目覚しい機会と困難な挑戦をもたらしている。中国を安い労働力としてとらえるモデルは、すでに変わってきている。たとえば、常にドイツ人の技術力を強みとしてきたドイツ企業シーメンスは、いまや多くの商品を中国の技術者に依存している。また、中国企業の一つであるハイアールは、サウスカロライナ州カムデンに工場を持ち、米国の家電市場ですでにメジャー・プレイヤーになっている。

二〇〇四年、中国の無錫市役所は、デザインの国際会議を主催した。その授賞式には、二万五〇〇〇人以上の参加者が集まった。会議では、ハイアールのデザイン担当の経営幹部がプレゼンテーションを行い、同社のグローバル戦略や、これまでどのように数カ国で商品開発の拠点を築き、市場のニーズを捉えてきたかを話した。これらの拠点には、欧米やアジアのデザイナー、エンジニア、マーケティング担当者を集めたという。中国政府は、部品供給者から独自のデザインを持ったメーカーにいたるまで、中国系企業の動きを支援している。まさに過去三十年間に日本や韓国企業が行ってきたように、中国は経済的に急成長を遂げつつあり、グローバルな経営資源とナレッジを用いて、経済成長をさらに加速させている。今日、どの企業も、中国という新たなグローバル勢力を無視することはできない。こうしたなかで、欧米やその他の国の企業に残された唯一の真の競争優位が、イノベーションの力なのだ。

市場を拡大させるパワー

ジムは、シラキュース大学の教授を退職し、新たなキャリアを開始した。彼は早期にユニバーサル・デザインを提唱し、あらゆる世代のニーズにまたがる商品を意味する「トランス・ジェネラル」という新語を造った。その理論はシンプルだ。

何十年も生活するうちに、ニーズや能力は変化する。世界ではこれまで、若者向けや、身体的・精神的に平均またはそれ以上の能力を持つ人々向けの商品やサービスの開発に余念がなかった。だが平均的な人は、二十代半ばに身体能力のピークを迎え、三十代に停滞期に入り、その後は能力が衰えはじめる。どの程度、能力を失うかは、性別、環境、個人的な習慣、事故、病気などの要因で決まる。通常は五十～六十代で身体的・認知的な能力が衰え、サポート用のシステムや装置が必要になりはじめる。ジムの目標は、人々が家庭で悠々自適に歳をとれるような生活支援策の開発を手伝い、そうした老化プロセスの影響を遅らせることだった。

ジムは十～三十代くらいまでの若い世代向けの商品やサービス開発に半世紀ものあいだ取り組んできたが、今はニューメキシコで暮らし、新しい事業を始めた。彼の家は、米国退職者協会（AARP）から、年配者が住むモデルハウスに指定されている。六十五歳からの退職者は、経済力と消費者期待において新市場を形成している。若者市場は依然として、その消費力と長期的なロイヤルティを得るために制覇する価値がある。しかし、高齢化したベビーブーマーも規模が大きく、自由に使える金も持っている。六十五歳以上の年齢層は、マーケティングする価値のある新市場なのだ。

地域環境を再生させるパワー

次のテーマは、地域や環境に対する影響だ。資源の有限性と、資源を節約できる代替案の可能性に目を向ける必要がある。マクドノーとブローンガートは、経済的に実現可能なアプローチで、エネルギーの浪費と公害の削減に取り組んでいる。彼らは、無駄な点検をしなくてすむような製造設備や建物を作っているのだ。たとえば、工場からの排水が利用時点よりもきれいなら、その工場は義務づけられた基準をクリアするばかりか、環境が改善されて検査や改修のコストが減るだろう。

マクドノーとブローンガートが目指しているのは、コンプライアンスのためだけでなく、その問題の周辺にあるものも含めてデザインすることだ。政府が、「それほど大きな損害を与えない」として定めた公害の数値を満たすことよりも、型にとらわれずに、周囲の環境に積極的に貢献する建築物を造ろうと彼らは考えている。より大きな構図で捉えることにより、彼らのアプローチは最終的に企業のコスト削減に貢献しているのだ。これはデザイン・プロセスでパワーズ・オブ・テンをさらにうまく活用すれば、新しいプランニングが可能なことを示唆している。

近代的な建物の二つの問題は、しばしば内部に日照を妨げる仕切りがあることと、人工的に温度と湿度の調整を行っていることだ。マクドノーは、誰もが窓から直接日光を浴び、外気を取りこめるような建物をデザインした。自然な空気の流れと日光は、人々の健康を促進し、より前向きな職場環境を作るのに役立つ。また、多くの建物で用いている資材は、時が経つにつれてアレルギーや呼吸障害を引き起こす毒素を大気中に逃がしている。そこでマクドノーとそのパートナーたちは、許容可能な建築資材のリストを独自に開発した。さらに、彼らがデザインした屋根のコンセプトは、ロケーションに合わせて機能し、環境に貢献するというものだった。屋根は呼吸し、環境に酸素を還元し、野生生物の住処《すみか》となり、エコシステムのバランスを保つ。また、室内への騒音や外気温を遮断する。作業環境が向上するだけでなく、従業員が健康的になることは、病欠が減り、保険料が下がることにもつながる。

フォードは、デトロイトのリバー・ラウンジ工場のデザインをマクドノーに依頼した。ヘンリー・フォードが一九一七年にモデルAの製造用に建てたその工場は、環境災害を引き起こしていた。一九九九年初め、マクドノーは二十億ドルでその建物をデザインし、生きた屋根を持つ工場を建て、土地をふたたび草原地帯へと戻した。環境的に優れているだけでなく、フォードはその投資が経済的な意味でも効果があると考えている。

マクドノーの次の大きなチャレンジは、都市全体のデザインだ。彼は米国と中国の共同チームの一員として、中国の新都市のデザインに携わっている。大半の人々が問題視することを、マクドノーとブローンガートは機会へと転じてきた。ナイキやフォード、ハーマンミラーなどにも共通する、複雑な問題に対する最良の解決策を探求し、イノベーションを起こそうとする彼らの強い情熱が、それを可能にしている。

グローバルに展開するパワー

十年前、ビジネスウィーク誌とＩＤＳＡが始めたアイデア賞のプログラムは、米国だけにとどまらず、グローバルなコンペティションへと発展した。このプログラムの委員会は、対象を米国企業に限るかどうか検討したが、米国限定の事業などもはや存在しないので、国際的な賞にする以外に選択肢はないことが明らかになった。

サムスンは世界中で商品を開発し、米国市場向け商品は米国で開発している。もはや、企業とその国籍は一対一ではない。ニューバランスは商品の二〇％を米国で生産し組み立てているが、ナイキはそうではない。だからといって、ニューバランスのほうがナイキよりも米国企業らしいといえるだろうか。特定の国に拠点を置く陸上選手用スポーツシューズのグローバル企業というべきではないだろうか。デル・コンピュータの顧客窓口はインドにあるが、本社と組立工場はテキサスにあり、一部の生産はアジアで行っている。フォードは今やボルボとジャガーを保有し、ダイムラーはクライスラーを保有している。米国経済におけるビッグ・スリーの概念は、もはや現実ではない。これらの企業の多くの国籍は曖昧で、実質的な意味もない。

相互に関連している世界市場は、第二次大戦後の一九四五年に米国が世界の覇権を握ったときとは根本的に違うものになっている。顧客のニーズはより明確になり、セグメント化されている。大量生産時代に見通しのきく巨大市場を目指して凌ぎをけずってきた企業の多くは、今では流行遅れになるまいと、新しいモデルの商品開発に苦しんでいる。グローバル市場で生まれている新しいトレンドのなかからニーズを特定し、商品やサービスとしてイノベーティブな解を見出すことは、手の届く安価な車を作るために組み立てラインのデザインを考えることとは根本的に異なるのだ。

携帯電話を支えるシステムについて話す人などほとんどいない。誰も携帯電話に驚くことはなく、ただ自分のライフスタイルに合い、役に立ちさえすればよいと思っている。インドや中国のような国々では、携帯電話システムの整備に際して、最小限の社会基盤と低コストであったことが幸いして、普及率が急激に上昇している。これらの国々は、ほぼ一夜にして、産業革命前の時代から情報化時代へと進化しているのだ。

新世界の秩序を示す他の例として、フィンランドについて考えてみよう。近年、フィンランドは、世界で最も効率性の高い国の一つと見なされている。世界で最も腐敗が少ない国で、特に高い識字率と同質的な文化を持ち、そのおかげで、同国が行うことは何であれベストの形で実行できるのだ。フィンランドは携帯電話通信、クルーズ船、貨物リフト設備、木材商品、ガラスや宝飾品の加工や鑑識などの分野に秀でており、同国政府は「フィノベーション」と呼ぶプログラムに投資し、経済成長とグローバルへの拡大を支援している。また、フィンランド企業はデザインやビジネス、技術などで大学と共同研究を行い、国全体を「フィンランド株式会社」へと変えている。ナレッジを持った企業が、統合されたイノベーションを用いてナレッジ国家の建設に貢献している明確な例だ。

アートと科学のルネサンスチーム

新商品やサービスを開発する企業は、社会のニーズ、ウォンツ、願望を満たそうと懸命に努力している。ニーズは変化し、過去のウォンツに合った商品やサービスでは将来の願望を完全には実現できない。

もっとも、社会がどう進化するかは誰にも予測できないが、人類は商品やサービスのデザインを通して、自らの手でそうした進化を導いてきた。共通していえることは、ＯＸＯの皮むき器やスターバックスのコーヒーのような小さな進化も、音楽配信におけるアップルのｉＰｏｄやハイブリッド車のプリウスなどのような技術的な変革も、デザインなしには成立しないということだ。これらのデザインは全て人間が中心となって進化する。良くも悪くも、デザインは生産や消費の経済を牽引する。その構造は変わることなく、イノベーションは進化し続けるだろう。なぜなら、社会、経済、技術のＳＥＴ要因は、常に変化を続けるからだ。

これらの機会は複雑で多面的だ。グローバル市場は、最新情報を瞬時のうちに世界の隅々まで届ける国際的なインフォテインメントのネットワークによって情報を収集し学習している。増え続けている高度なグローバル市場に合わせて巧みに変化しなければならない。商品の全側面におけるイノベーションが必要であり、技術力だけでなく人間の感情にも通じることが求められている。優れた専門知識があっても、孤立した現実逃避者では通用しない。デザインには、膨大で複雑なスキルを組み合わせる必要があるからだ。変化し続けるＳＥＴ要因から他社や市場を理解する能力は、創造力と同じくらい重要だ。**商品は人々のために、人々によって開発される。人間という要素がプロセスと成果の中心にあるのだ。**

ダ・ヴィンチは芸術家であり、科学者であり、技術者だった。彼は絵を描いたり、身体計測データを開発したり、飛行機や兵器をデザインしたり、作品のために民族学に基づく研究までした。彼は発明家以上の存在であり、広範で発展的な方法で思考し行動する人間のシンボルであり、その理想は多分野にわたる思考方法を表わしていた。彼について使われる「ルネサンス人」という言葉は、ヨーロッパが暗黒時代から復興した時代の権化として彼をとらえたものだ。

現代の経済もまた、新たなルネサンスを必要としている。複数の頭脳を調和して機能させなくてはならない。個々人の持つアートと科学の力を最大限に活用して創造やデザインを行う「ルネサンスチーム」が求められているのだ。本書で新しいタイプのイノベーターとして取りあげた人々は、イノベーションの実現にはチームの力が重要であることを理解している。彼らは生まれつきイノベーティブだったわけではない。優れたイノベーションのリーダーになる方法、イノベーションを生み出す方法を、彼らは学習し、体得したのだ。

多分野のコラボレーション、構造化された探求プロセス、アートと科学のバランス、経験とファンタジーの重視など、実用的なイノベーションの方針やアイデアを持った人は誰でも、新しいタイプのイノベーターになることができるのだ。本書で触れてきた原則を理解し、実践する人々は、新商品の方向性を定め、グローバル経済の機会を捉えて、新しい経験をデザインすることができる。そして、そのビジョンとイノベーションの創造プロセスのよき理解者として、多くの人々に力を与え、今後も素晴らしいものをデザインしていくことができるだろう。

ウォートン経営戦略シリーズ刊行にあたって

情報は一瞬にして世界を駆け巡る。ビジネス環境は急速に、そして刻一刻と変化している。ビジネスリーダーは、タイムリーに変化に対応し、新しい取り組みを実践し、成果として実現させなければならない。この成否は第一義的にビジネスアイデアの優劣に大きく依存している。

ペンシルバニア大学ウォートンスクールは米国で有数のビジネススクールであり、二〇〇四年にピアソンエデュケーションと共同でウォートンスクールパブリッシングを立ち上げた。世界的な研究者が執筆し、ウォートンスクール教授陣のレビューを経て、優れたビジネスアイデアを有する実践的なビジネス書として刊行している。

ウォートン経営戦略シリーズは、ウォートンスクールパブリッシングの発行するビジネス書のなかから、「理論に裏打ちされながらも実践的であること」「事例に基づき信頼性の高いこと」「日本のビジネスリーダーにとって有意義であること」などの基準によって選出し、日本の読者に提供する。本シリーズが、日本のビジネスリーダーの知見を深め、変革を達成する一助となり、経済全体および社会全体の発展に貢献できれば幸甚である。

スカイライト コンサルティング株式会社　代表取締役　羽物俊樹

著者略歴

クレイグ・M・ボーゲル
Craig M. Vogel

シンシナティ大学デザイン学部教授 兼 デザイン建築・アートプランニング学部デザイン調査・イノベーションセンターのディレクター。教育と調査を統合させるデザイン方法を開発。さまざまな企業で新製品開発と戦略プランニングのコンサルティングに従事。

ジョナサン・ケーガン
Jonathan Cagan

カーネギーメロン大学機械工学部教授。主に製品開発、戦略プランニング、デザインの調査、教育、コンサルティングに従事。デザインの概念化プロセスを改善するためのチーム用ツールとコンピュータ用技術を開発。

ピーター・ボートライト
Peter Boatwright

カーネギーメロン大学テッパー経営大学院マーケティング助教授。専門は新製品マーケティング、消費財マーケティング、マーケティング・リサーチ手法。リサーチにおいて、新たな消費者行動の理論と統計手法を開発。

日本語版 企画・翻訳

スカイライト コンサルティング株式会社

経営情報の活用、業務改革の推進、IT活用、新規事業の立ち上げなどを支援するコンサルティング企業。経営情報の可視化とプロジェクト推進力を強みとしており、顧客との信頼関係のもと、機動的かつきめ細やかな支援を提供することで知られる。顧客企業は一部上場企業からベンチャー企業まで多岐にわたり、製造、流通・小売、情報通信、金融・保険、官公庁などの幅広い分野で多数のプロジェクトを成功に導いている。
http://www.skylight.co.jp/

渡邉正美
Watanabe, Masami

明治大学法学部法律学科卒業。Webのクリエイティブ・ディレクター、プロデューサーを経て、スカイライト コンサルティング株式会社に入社、マネジャーとして現在に至る。顧客コンタクト・ポイントにおける調査・企画・マーケティング支援を専門とする。企業のWebサイト立ち上げ、テクノロジー企業のブランディング・プロジェクトなどに従事。

英治出版からのお知らせ

弊社のホームページでは、「バーチャル立ち読みサービス（http://www.eijipress.co.jp/）」を無料でご提供しています。ここでは、弊社の既刊本を、紙の本のイメージそのままで「公開」しています。ぜひ一度、アクセスしてみてください。

なお、本書に対する「ご意見、ご感想、ご質問」などをeメール（editor@eijipress.co.jp）で受け付けています。お送りいただいた方には、弊社の「新刊案内メール（無料）」を定期的にお送りします。たくさんのメールを、お待ちしております。

ヒット企業のデザイン戦略

イノベーションを生み続ける組織

発行日――2006年6月20日　第1版　第1刷　発行

著　者――クレイグ・M・ボーゲル、ジョナサン・ケーガン、
ピーター・ボートライト

訳　者――スカイライト コンサルティング株式会社

発行人――原田英治

発　行――英治出版株式会社
〒150-0022 東京都 渋谷区 恵比寿南1-9-12ピトレスクビル4F
電話：03-5773-0193　FAX：03-5773-0194
URL　http://www.eijipress.co.jp/
出版プロデューサー：高野達成
スタッフ：原田涼子、秋元麻希、鬼頭穣、大西美穂、秋山仁奈子
古屋征紀、真仁田有祐美、森萌子、池松真理子

印　刷――大日本印刷株式会社

装　幀――重原隆

編集協力――阿部由美子、和田文夫

[検印廃止] ISBN4-901234-90-0 C0034